Einmal mit allem

Einmal mit allem

Gedichte und Zeichnungen von
Shel Silverstein

*Deutsche Nachdichtungen von
Harry Rowohlt*

KEIN & ABER

Dieses Buch wurde von Shel Silversteins Familie
aus dem Nachlass zusammengestellt.

Die Originalausgabe erschien 2011 unter dem Titel
Every Thing On It bei HarperCollins Publishers, New York.
Copyright © 2011 Evil Eye, LLC
Published by Arrangement with Evil Eye, LLC

Dieses Werk wurde vermittelt durch die
Literarische Agentur Thomas Schlück GmbH, 30827 Garbsen

Alle Rechte vorbehalten
Copyright © 2013 by Kein & Aber AG Zürich – Berlin
Coverbild: Shel Silverstein
Druck und Bindung: Jettenberger, internationale Druckagentur
ISBN 978-3-0369-5649-7

www.keinundaber.ch

Für dich

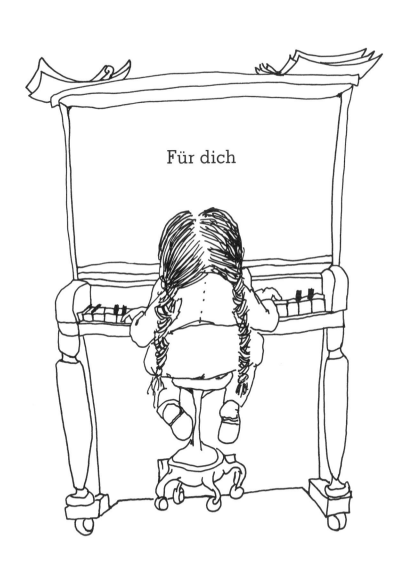

Einmal mit allem

VIELE JAHRE SPÄTER

Ich sehe zwar nicht dein Gesicht,
Wenn die Gedichte dich umfächeln,
Doch weit, weit weg –, wo, weiß ich nicht,
Hör ich dich lachen. Und muss lächeln.

EINMAL MIT ALLEM

Ich hatte einen Hotdog bestellt,
Einmal mit allem.
Das war der größte Fehler der Welt,
Denn er war mit Papagei,
Biene mit Häubchen auch dabei,
Goldfisch, Schraubenschlüssel und Harke,
Armbanduhr (limitierte Auflage, imitierte Marke),
Flagge und Schaukelstuhl für die Veranda,
Frosch und Posaune (Marke »Amanda«),
Maus mit Maske –, kurz: Auf gar keinen Fall, ämm,
Bestell ich je wieder was einmal mit allem.

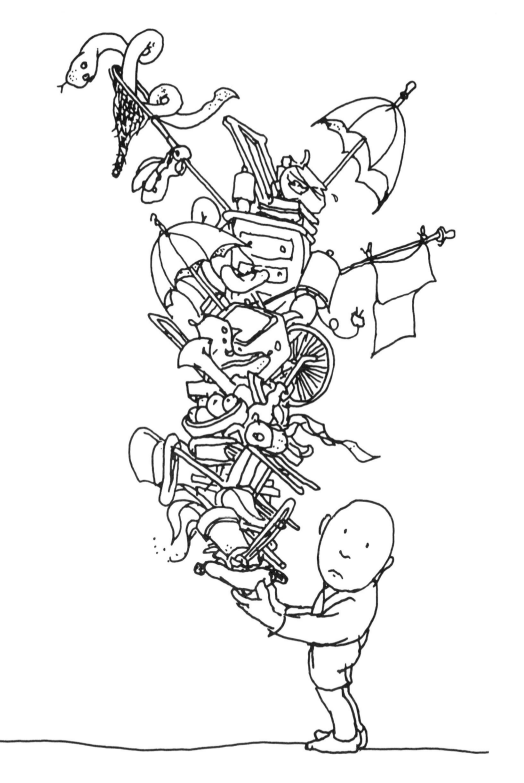

MEIN ICHTHERICHT

Albträume? Kenn ich nicht,
Ich kann nicht klagen.
Mein nächtlicher Ichthericht
Wird sie verjagen.

DER, DER GIB-MIR-SÜSSES-SONST-GIBT-ES-SAURES ERFUNDEN HAT

Ja, Gib-mir-Süßes-sonst-gibt-es-Saures habe ich erfunden,
Damit dir Süßigkeiten munden.
Zuckerstangen, saure Drops,
Marshmallows und Tootsie Pops,
Butterscotch und Maoam.
Hältst du die Hand auf, kriegst du am
Liebsten wie im Grimm'schen Märchen
Bubblegum und Gummibärchen.
Nimm vom Kuchen, auch paar Kekse,
Gern auch etwas mehr, und fegse
Dir ins Maul, und, jetzt kein Witz,
Echte Peitschen aus Lakritz.
Schlürf die Brause, mampf die Torte,
M&Ms auch ohne Worte,
Kau Karamell, kau Leckerbissen,
Niemand wird dich dafür dissen.
Dann komm zu mir für ganz was Feines:
Ich bin dein treuer Zahnarzt, Kleines.

FERTIG GEPACKT

Ich und Joe, wir haben Koffer gepackt.
Tickets? Besorgt und eingesackt.
Verbindung? Im Zwei-Stunden-Takt.
Reisefieber? Wie beknackt.
Also los! Doch wo
Ist Joe?

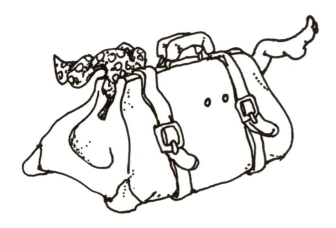

ZU FRÜH

Du hast die schöne Milch verschüttet,
Kartoffelbrei auf Stuhl gekippt,
Frisürchen ist von Pamps zerrüttet
Und Brokkoli aufs Hemd geschippt.
Dein Apfelmus ist an der Wand,
Dein Löffel ist zum Gähnen leer,
Ich glaub, wir haben dich, mal Hand
Aufs Herz, zu früh nicht mehr gefüttert, Bär.

DER FLASCHENGEIST

Ich mache diese Flasche auf,
Zosch, kommt ein Geist ans Tageslicht.
»Mein Sklave!«, denk' ich, freu' mich drauf,
Doch dieser Geist …, der bringt es nicht.
»Erfülle alle Wünsche mein,
Und tu, was ich gebiete!«
Er sagt, *ich* soll *sein* Sklave sein;
Der Geist ist eine Niete.
Ich schufte, schwitze, hab' nie frei,
Hab' nie mehr was zu lachen,
Schrubb' ihm den Rücken, koch' ihm Brei,
Wasch' – *iiih!* – die Untersachen
Und fege, feudle. Nicht zu knapp
Liegt er mir auf der Tasche.
Hängt, glaub' ich, immer davon ab,
Was drin ist in der Flasche.

APFEL, BEI DEM EIN BISSEN FEHLT

Dieser Apfel macht mich schlapp;
Ich gebe ihn gern günstig ab.
Fakt ist, er ist leicht abgenutzt,
Das geb' ich zu, doch nicht verschmutzt.

So rot, so süß wie irgendwas,
Fehlt nur ein Bissen, siehst du das?
Ich garantier' dir, immerhin:
Ein halber Wurm ist innen drin.

DER JONGLEUR

Der Jongleur jongliert mit 'nem Ei,
Und, jetzt, allez hop!, sind's schon zwei.
Jetzt, pass auf, eijeijei,
Sind es schon drei.
Das ist schwierigste Jongliererei.
Man verzweifelt ja schier,
Hier kommt Nr. 4,
Vier fliegende Eier und dann …
FÜNF …, jetzt SECHS …, jetzt SIEBEN … KA-PLISCH!
… fängt er wieder mit einem an.

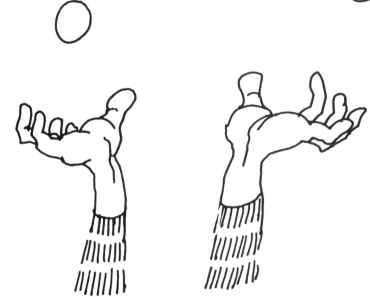

MASKEN

Ihre Haut war blau,
Seine auch.
Sie verbarg sie schlau,
Er seine auch.
Ihr Leben lang suchten sie immer, einerlei,
Was es sonst gab, nur Blau.
Dann begegneten sie sich fast,
Und es hätte alles gepasst,
Gingen aneinander vorbei –,
Das Leben, es ist manchmal rau.

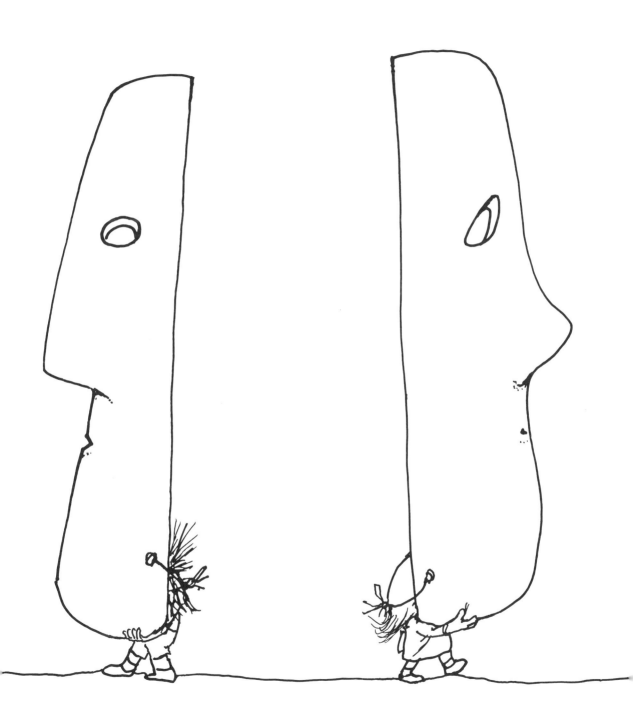

HAPPY END?

Frohes Ende? So ein Stuss.
Das Traurige ist stets der Schluss.
Drum will ich eine frohe Mitte
Und einen Spitzenanfang, bitte.

DIESER HUT

»Was für ein überaus alberner Hut!
Was hast
Du dir da bloß andrehen lassen?!«

Was keiner weiß,
ist, wie gut …

... er mir passt.

DIE DEALS VON NILS

Nils' Deals, Nils' Deals –,
Steht dir der Sinn nach Deals, sprich immer erst mit Nils.
»Kauf's bloß nicht, sondern stiehl's« –:
So günstig geht's bei Nils.
Soff ab am Rand des Priels?
Der Seehund war von Niels.
Quiekfreien Schweins, immobilen Automobils
Besitzer wirst du, geht's nach Nils.

Nils' Deals, Nils' Deals –,
Es gibt keine bess'ren Deals als von Nils.
Seine Boote entraten des Kiels,
Seine Pfannen entbehren des Stiels.
Ist ein einräd'riges Zweirad dein Ziel,
Macht dir Nils einen traumhaften Deal.

Nils' Deal, von Nils ein Deal –,
Ist dein Nachschlag dir plötzlich zu viel?
Mit seiner Angel fischst du den Nil
Leer. Einen Luftballon, »Made of Steel«?
Ein zahmes Reptil, ein Filz-Glockenspiel?
Erlebe, wie toll du dich fühlst,
Wenn mit Nils du immer schön dealst.

EINGESCHLAFEN

Fritz' fauler Fuß
Schlief einfach ein
Und Fritz lässt sich zum Essen nieder.
Nun brüllt er und schreit er,
Doch der Fuß träumt still weiter …
Na …, *dieses* hier weckt ihn wohl wieder.

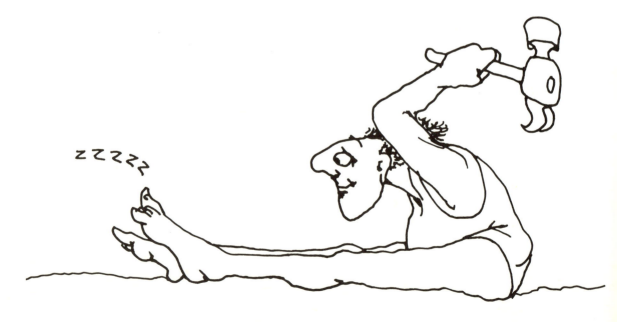

DIE STRICHE AN DER WAND

Diese kratzigen Striche an der Wand,
Die zeigen, wie kurz ich mal war,
Wo ich, um mich messen zu lassen, stand.
Mama erinnert mich: »Jahr
Für Jahr holte Dad was zu schreiben,
Legte dir ein Lineal auf den Kopf,
Sagte: ›Jetzt bitte so bleiben‹,
Markierte Stelle und Datum an deinem Schopf.«
Sie sagt, dass sie meine Geschichte meint,
Aber was ich noch nie verstand,
Ist, dass sie, wenn sie sie sieht, so weint,
Diese kratzigen Striche an der Wand.

KNECHT RUPRECHT

Ich war bisher Knecht Ruprecht,
Aber jetzt bin ich rausgeflogen,
Nur weil ich die Spieluhr kaputtgemacht habe,
Nämlich zu doll aufgezogen,
Nur weil ich alle Fahrräder ausprobiert habe
Und an allen Zuckerstangen gelutscht,
Nur weil mir diese Porzellanpuppen
Vom Spielzeugkran sind runtergeflutscht,
Nur weil ich die elektrische Eisenbahn so habe rasen lassen,
Da ist sie aus den Schienen gezischt,
Und die schönen lila Fingerfarben habe ich
An den Segelbootsegeln abgewischt,
Und dass ich den kleinen Plüschhund zu sehr gedrückt habe,
Das war dem Weihnachtsmann gar nicht recht,
Und jetzt hatte der Weihnachtsmann den Nerv und sagt,
Ich bin nicht mehr sein Knecht.

EIN RIESENFEHLER

Ein Mann fand eines Tages einen Riesen, der schlief am Bachesrand.
Ein Mann fand eines Tages einen Riesen, blieb steh'n und stand und stand.
Um des Riesen Hals band er ein längliches Stück Schnur.
Dann weckte er den schlafenden Riesen
Und schrie:
»Nur mir gehörst du, du mir nur!«
Und da steht er nun in einer haarigen Hand, und nun sag mir, wer's kann:
Hat der Mann den Riesen, oder hat der Riese den Mann?

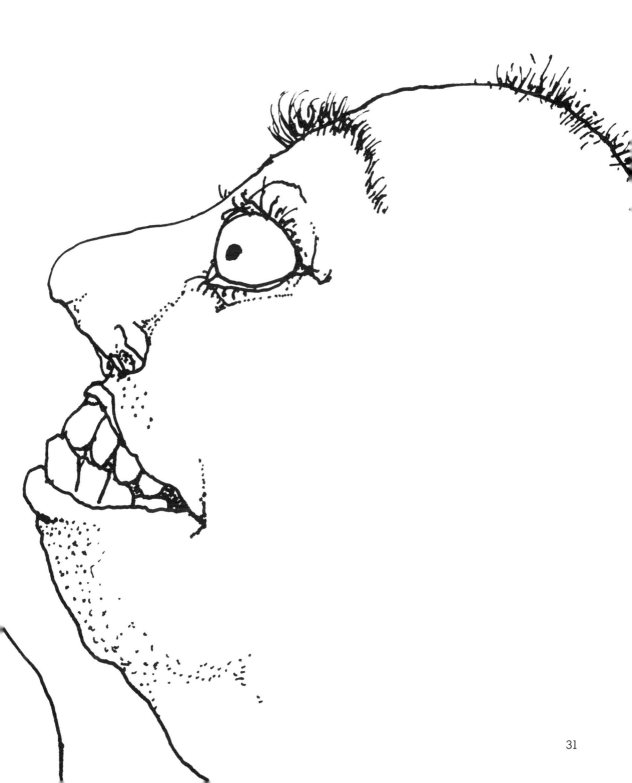

DER DURCHSICHTIGE DETLEF

Der durchsichtige Detlef –, vielleicht hast du ihn gekannt?
Jeder sah durch ihn hindurch von hier bis an die Wand.
Wir sahen sein Herz, wie es drinnen schlug,
Wir sahen seine Lungen bei jedem Atemzug.
Wir sahen seine Nieren, die Leber, schwer porös,
Wir sahen seine Knochen, die Nerven, schwer nervös.
Wir sahen, was er gegessen hatte, zum Mittagessen, heute,
Wir sahen auch den Hosenknopf, dessen Verlust er so bereute,
Aber als wir den Grund für seine Bauchschmerzen sahen,
Riefen wir: »Zieh dir lieber
Was über!«

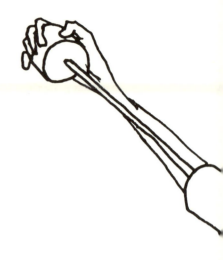

JUCKREIZ

Bitte, kratz mir den Rücken, und ich mache dich reich.
Ich komm' da nicht ran, und du finzt es doch gleich.
Uu-ii-uuu, uu-ii-uuu, wie gut mir das tut.
Danke, mein Freund, jetzt hast du was gut.
Dir Geld geben? Ich? Warum und wofür?
Es juckt doch gar nicht mehr, Alter, bei mir.

SPRITZE

Fast vergessen, Fritze,
Zeit für deine Spritze.
Geht ja auch ganz schnell,
Tut eventuell
Auch nicht richtig weh,
Kein Herrjemine,
Kremple hoch, zieh runter,
Dann finden wir ganz munter
Die Stelle für die Spritze, Fritze.

RAT DES PROFIS

Willst du Tennis spielen, sag'
Ich dir eins: Trainier den Schlag;
Den Griff brav übe Tag für Tag,
Schultern straff, und nur nicht zag-
Haft, aus der Hüfte, ja, da lag
Schon sehr viel Schönes drin, und – AAAGH! –
An deiner Fairness könntest du noch ein bisschen arbeiten.

EIDECHSE IM SCHNEESTURM
*oder: Anleitung zum Verfassen
eines modernen Gedichts*

Eine Eidechse im Schneesturm
Bekam eine Schneeflocke in den Muskelmagen,
Und sonst passierte leider nicht viel.
Aber »Schneesturm« hat sich nicht auf »Eidechse« gereimt
Und »Muskelmagen« nicht auf »Schneesturm«,
Und so, liebes Kind, entstehen die meisten modernen Gedichte.

*(Außer natürlich auf Englisch. Da reimt sich »Muskelmagen«
auf »Schneesturm« und auf »Eidechse«. Und so entstehen dann,
liebes Kind, altmodische englische Gedichte.
Anmerkung des Übersetzers)*

EIDECHSE IM SCHNEESTURM (*altmodisch*)

Eidechslein, frierend im Schneesturm geduckt,
Hat eine Schneeflocke hastig verschluckt,
Und prompt wird das alles getreulich gedruckt.

FÜR DAS GUINNESS-BUCH DER REKORDE

Den längstesten Hotdog der Welt gemacht
Haben wir, wir zehn tüchtigen Spacken.
Jetzt wird klar: Niemand hat je dran gedacht,
Auch das längsteste Brötchen zu backen.

FLASCHENÖFFNER

Mit den Zähnen Flaschen öffnen –,
Sie fanden mich alle famos.
Mit den Zähnen Flaschen öffnen –,
Sie sagten: »Der hat was los.«
Mit den Zähnen Flaschen öffnen –,
Sie nennen mich parodontos.

EIN AUTO MIT BEINEN

Dieser Flitzer hat Beine
Und keine Räder.
Deshalb braucht er keine
Reifen, und jeder
Kann ganz leicht sich ihn
Leisten, denn obwohl statt Benzin
Er Limo und Cola und sonst noch was säuft –,
Er läuft
Und läuft und läuft.

DAS WÜRDEGERNKANNABERNICHT-SYNDROM

Ich habe dies seltene Leiden,
Es heißt Würdegernkannabernicht.
Muss das Müllruntertragen meiden,
Ich würd's ja gern, kann's aber nicht.
Mir versagen einfach die Finger.
Volle Einkaufstaschen muss ich verschmähen,
Und meine Hände sind auch nicht der Bringer.
Von Heckenschneiden und Rasenmähen
Krieg' ich Ohnmachtsanfälle und Flattern im Bauch,
Von der Aussicht, die Tür anzustreichen, auch.
Der Schweiß rinnt mir in die Augen und juckt.
Allein der Geruch schon von Spüli und Wasser
Macht, dass mein ganzer Körper zuckt.
Klamotten aufheben? Noch viel krasser.
Meine arme Schulter! Dann wäre sie hin.
Tür zumachen? Kannste vergessen.
Nicht, bis ich im richtigen Alter bin.
Und so gern ich mich immer angemessen
An allen anfallenden Arbeiten beteiligen würde,
Werde ich, das ist meine Bürde,
Versuchen, dies Leiden zu überwinden,
Und denen zusehen, die schuftend Entspannung finden.

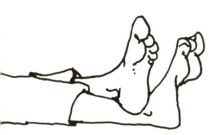

ENDLICH

Der haarige Harry Strubbelhaar
Ging endlich zum Friseur, als er schon neunzig war,
Und druckste: »Ich ... äh ... ich ... äh ... uh ...
Hätte bitte gern ein Fläschchen Shampoo.«

STÖRRISCH

Ein schissiger Esel und ein schmissiger Aff
Saßen am Bahndamm herum.
Sprach der schissige Esel zum schmissigen Aff:
»Ich hau' ab und kehr' nie wieder um.«
Sprach der schmissige Aff zum schissigen Esel:
»Wartest du eine Minu-
Te, sag' ich zur Fliege ein letztes Mal »Summ«,
Und dann gehn wir zu zweit, ich und du.«

Sprach zum schissigen Esel der schmissige Aff:
»Diese Straße ist lang und gewunden,
Trügest du mich bis zum nächsten Kaff,
Wär' ich dir entsprechend verbunden.«
Sprach der schissige Esel zum schmissigen Aff:
»Um ebendies wollt' ich dich bitten.
Also warten wir ab, diskutieren dumm,
Wer reitet und wer wird geritten.«

Den schissigen Esel trägt keiner wohin,
Zumindest nicht für lau,
Mit dem schmissigen Affen hat's auch keinen Sinn,
Und die Aussichten sind eher mau.
Und sie sitzen noch immer am Bahndamm herum,
Bis der Mond seine Farbe in Blau
Ändern wird, und es gibt keine Reise,
Nur am Bahndamm die Gleise ...
Schiss, Schmiss –, die Zeiten sind rau.

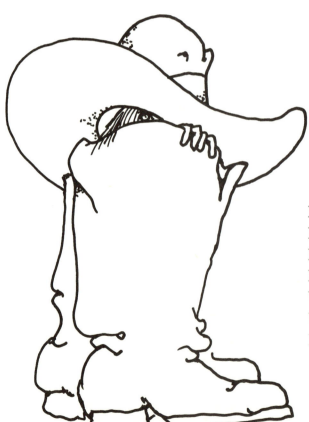

DIESE STIEFEL

Diese Stiefel sind etwas groß.
Diese Tatsache werd ich nicht los.
Ich komme nur stockend voran,
Doch meine Haxen
Werden wachsen,
Und dann
Passen sie mir ganz famos.

DAS MATCH

Der Elefant steht im Tor,
Die Hyäne davor,
In der Südkurve sitzen die Egel
Und beschimpfen die Spieler als Flegel.

Das Känguru springt, und das Krokodil weint,
Weil es nicht mitspielen darf, und es greint.
Der Ringelschwanzratz foult die Fledermaus,
Und die Fledermaus nimmt lautlos pfeifend Reißaus.

Die Spinne wob emsig für die Tore das Netz,
Und sobald jetzt ein Tor fällt, macht's leider *fetz*.
Handspiel beim Oktopus, und das Huhn sitzt nur stumm
Und brütet müßig am Fußball herum.

Schiedsrichter Stachelschwein ist schwer umstritten,
Schnecke in Ballbesitz, jetzt schon zum dritten
Mal. Schlange hat Einwurf, legt den Ball zurecht, Schuss!
Weckt den schlafenden Vogel Palatapus.

Die Forelle steht frei, der Yak macht Zack
Und kickt den Ball ins Aus, so ein Kack.
Und leider Abpfiff, weil der Pelikan zuckt
Und aus Versehen den Ball verschluckt.

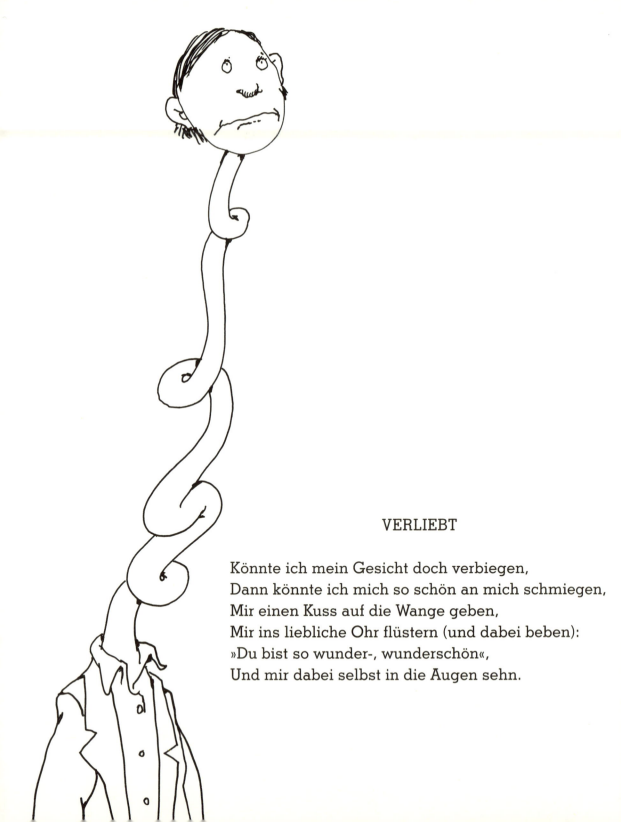

VERLIEBT

Könnte ich mein Gesicht doch verbiegen,
Dann könnte ich mich so schön an mich schmiegen,
Mir einen Kuss auf die Wange geben,
Mir ins liebliche Ohr flüstern (und dabei beben):
»Du bist so wunder-, wunderschön«,
Und mir dabei selbst in die Augen sehn.

EIN FROHES NEUES AUF ENGLISCH

Joe schrie: »Happy New Year!«
Die Kuh schrie: »Happy Muh Year!«
Der Bauer schrie: »Happy Kuh Year!«
Das Gespenst schrie: »Happy Buh Year!«
Der Arzt schrie: »Happy Stuhl Year!«
Der Pinguin nieste: »Happy A-Tschuu Year!«
Das Stinktier schrie: »Happy Ii! Puu! Year!«
Die Eule heulte: »Happy Hu-Huu Year!«
Der Cowboy schrie: »Happy Yahoo Year!«
Der Lokomotivführer schrie: »Happy Tschu-Tschu Year!«
Der Säufer schrie: »Happy Glu-Glu Year!«
Der Barfüßige schrie: »Happy Schuh Year!«
Der Hungrige sagte: »Happy Irish Stew Year!«
Mehr »Happy U«
hat man nie gehört
Am 17. Ju-
Ni, wenn's nicht so stört.

SCHMUTZIGE FÜSSE

Die dreckigsten Füße wurden prämiert,
Das schmutzigste Balg aufgetrieben,
Die verklumptesten Gören heranchauffiert
In die Matschpfützenstraße 7,
Mostrichfuß-Billy und Zehenmarmelade-Tillie
Und der Kasimir, ganz ohne Schuh',
Sickerzehen-Usch, die so gern macht *quischquusch*
Mit den Zehen in Tiramisù.
Durch Morast und Matsch, durch Schlamm und Papp
Die Karawane sich zur o. a. Adresse zog,
Und wir kratzten jedem die Füße ab,
Um zu sehen, wessen Kruste am meisten wog.
Zehenmarmelade-Tillies wog dreizehn Pfund,
Aber Sieger war der besonders süße
Paul, denn als wir bei dem endlich auf Grund
Stießen, gab's keine Füße.

SCHULE

Regen und Hagel,
Kälte und Schnee –:
Gute Gründe für ein entschiedenes
»Nee!«.

DIE FLEISCHFRESSENDE PFLANZE

»Hat hier jemand den Gärtner gesehen?«
Sprach die fleischfressende Pflanze: »*Habe* ich.«
»Vor etwa einer Stunde wollte er gehen?«
Sprach die fleischfressende Pflanze: »*Ist* er.«
»Er hat gesagt, er will dann mal abzittern
Und ins Treibhaus gehen und die Pflanzen füttern.«
Sprach die fleischfressende Pflanze: »*Hat* er.«

HERZLICHEN GLÜCKWUNSCH

Und wenn keiner käme? Hihi!
Dann krieg' *ich* allen Kuchen,
Kann *mich* bei Blindekuh suchen
Und singe »Happy Birthday to me!«.

VIERTER PLATZ

Ich wurde Vierte bei der Schönheitskonkurrenz
(Lasst mich bitte eine Minute lang flennen).
Ich wurde *Vierte* bei der Schönheitskonkurrenz
(Könnt mich aber *leicht* »Schönste« nennen).
Der kann seinen Pokal behalten, der Stenz
(Die wissen ja, wo sie sich ihn hinstecken können).
Ich wurde *Vierte* bei einer Schönheitskonkurrenz,
Und nur *drei* von uns waren im Rennen.

UNGLÜCKLICH HIER

Sendet mich irgendwohin,
Verschickt mich irgendwohin,
Wickelt mich ein und verpackt mich
Und verschickt mich irgendwohin.
Paketpost, UPS,
Normal oder per Luftpost, mit sonst nichts drin,
In reißfestes Packpapier,
Immer rin,
Mit Briefmarken auf der Stirn
Und Bindfaden am Kinn,
Und einem Aufkleber auf dem Hintern:
»Schmeißt mich nicht hin«.
Klebt irgendeine Adresse drauf,
Ist egal, wohin,
Iserlohn oder Kentucky
Oder Benin.
Denn wo es auch ist,
Wo ich glücklicher bin –,
Also bitte, *verschickt* mich – –, *versendet* mich –,
Gebt mich *auf* –, *irgend*wohin.

KNOBLAUCHATEM

Frank stank, da konnte man nichts machen,
Stets nach Knoblauch aus dem Rachen.
Sagte »Moin!« zu seiner Schwester,
Und das war es dann, mein Bester.
Blies aufs Gras,
Und das Gras roch nach Aas.
Blies auf ein Ei, und mit dem Ei war's vorbei.
Blies in die Luft, und die Luft war verpufft.
Blies auf die große Standuhr im Saal, und die
große Standuhr schlug prompt dreizehnmal.
Sprach der Katze sachte zu, und die Katze
machte »Muh!«.
Blies die Kuh an, dieser Knilch, und die Kuh gab
Leim statt Milch.
Behauchte den Bruder, das soll man nicht,
Und der verlor das Augenlicht.
Behauchte die Mama von vorn,
Und die hat den Verstand verlor'n.
Beblies nur kurz den Kreisel, doch
Der Kreisel dreht sich immer noch.
Blies auf das Haus vom Bauern ein,
Da stürzten – *wumms!* – die Mauern ein.
Blies auf seine Füße, die rannten untern Schrank:
»Bloß weg von hier, bloß weg von hier,
    bloß weg von Franks Gestank!«

LIEBESGESCHICHTE

Sagte der Pelikan zum Elefanten:
»Auch wenn bei uns keine Liebe keimt,
Heirate mich, weil es keinen interessanten
Namen gibt, der sich auf uns reimt.«

Sagte der Elefant zum Pelikan:
»Da kannst du auf mich zählen,
Denn gereimt ist schon mal nicht völlig vertan
Und Grund genug zum Vermählen.«

So heiratete der Pelikan den Elefanten,
Und man hielt die festlichsten Reden,
Und jetzt haben sie einen Klein-Pelikanten,
Und jeder reimt sich auf jeden.

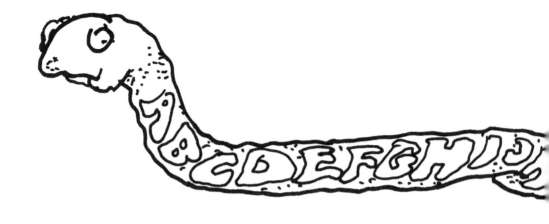

AUTSCH!

Lernst du lesen,
Aber kannst es noch nicht,
Und jedes Buchstabenwesen
Hat das gleiche Gewicht,
Und du spürst schon ganz lange
Etwa sechsundzwanzig Schmerzen zwischen Steiß und Kissen,
Dann ist das die olle Buchstabenschlange –,
Die hat dich, alphabetibutibaps, alphabetgebissen.

WETTBEWERB

Warum machen sie nicht mal statt Buchstabier-Wettbewerb
Einen überaus gepflegten Lamentier-Wettbewerb?
Einen Hau-Wettbewerb, einen »Au!«-Wettbewerb,
Einen Kuck-Wettbewerb, einen Spuck-Wettbewerb,
Einen Hüpf-Wettbewerb, einen Schlüpf-Wettbewerb,
Einen Flenn-Wettbewerb, einen Penn-Wettbewerb?
Einen Wettbewerb, wo man sich rollt wie in Trance?
Dann hätte *ich* vielleicht mal eine Chance.

DIE VERWANDLUNG

Der Held am Ast
Und stolz wie Sau
Ein Herz sich fasst
Und schmettert …:

WOW

DIE JAWOLLIS UND DIE NEINIS

Die Jawollis sagten Ja zu allem,
Was nur irgendwie gelobt wurde.
Die Neinis sagten Nein zu allem,
Bevor es nicht gründlich erprobt wurde.
So starben Jawollis an viel zu viel
Und Neinis an Zittern und Zagen,
Aber irgendwie kamen die Denkselbstdrübernachis
Ganz gut klar. Und konnten nicht klagen.

WINZIGE FUSSSPUREN

Seht die winzigen Fußspuren,
Sie führen durch den Schnee.
Folgt den winzigen Fußspuren –,
Dann werdet ihr bald se-
Hen (falls euch der schnappende Schnabel
Und die schlappenden Flügel nicht fassen),
Dass winzige Füße nicht unbedingt
Winzige Spur'n hinterlassen.

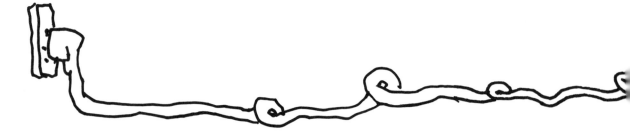

WHUUUSCH

Mein Föhn funktioniert *rückwärts* –, schon seit mehreren Tagen.
Viel mehr lässt sich wirklich nicht darüber sagen.

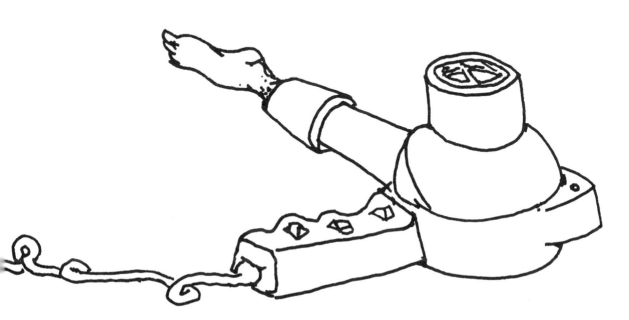

EINE MAUS IM HAUS

»Eine Maus ist im Haus«, sprach Onkel Klaus
Und sah durch ein Löchlein im Boden.
Und wieder sagte er: »Maus! Ha! Im Haus!«,
Und ruckelte an den Kommoden.
»Eine Maus ist im Haus!«, schrie er erneut,
Riss die Vorhänge ab, als es dämmerte,
Schlug den verfliesten Fußboden breit,
Und ein Loch in die Mauer er hämmerte.
Die Gemälde vom Haken zog er direkt,
Das Regal barst, es barst Buch um Buch.
»Maus!«, heiserte er, »hier ist sie versteckt!«
Ein Balken kam runter, und: »Huch!«
Er durchforschte die Schränke, den Küchenmüll auch,
Um den Dunstabzug war es geschehen.
Er stemmte die Bohlen hoch, kappte den Schlauch,
Hatte dort einen Nager gesehen.
Er riss alle Abflussrohre heraus,
Die Hähne ab, machte *klopfklopf*.
»Ist das Dingsbums da etwa ein Mäuseohr?«
Der Kronleuchter krönte Klaus' Kopf.
»Maus im Haus«, klang's drunter hervor,
Und zur Kettensäge griff Onkel Klaus.

Fußleisten sägte er,
Säulen und Streben,
Rauverputz schrägte er,
Als gölt' es das Leben.
Alle 'lektrischen Drähte zerhackte er
(*Sahen* aber auch aus wie Mäuseschwanz),
Das Treppengeländer, das knackte er
Von oben bis unten, nicht halb, sondern ganz.
Er zerschlitzte den Teppich, brach die Stufen heraus,
Den Tisch flott zersägt, die Stühle zerhäckert …
War das jetzt auf dem Gesimsdings die Maus?
Jetzt wird ernsthaft ge*blackt* und ge*deckert*!
Ratsch, Jalousie, schon wurde es heller,
Die Decke kam runter, die Balken mit drauf.
Er trug den Zement ab, jetzt ging's an den Keller.
Er zerschmiss den Kamin, sah den Abzug hinauf.
Das Fundament unterm Haus musste ebenfalls raus,
Und Klaus maulte was über »lausige Maus«,
Ging den Scharnieren, *schwupsquietsch,* von den Türen
Zu Leibe, demontierte das Dach,
Und als alles herniederbrach mit großem Krach,
Witschte ein mausgrauer Schwanz still davon,
Direkt an Onkel Klaus' Schuh vorbei. »Ach«,
Flüsterte er, »da ist sie ja schon.«

DREI FLAMINGOS

Wer vermutete denn in den S'en
Von meinem Namen was zu fressen?
Wie frevelhaft, ach, wie vermessen!
Denn meinen Namen mit den fehlenden S'en
Kannst du vergessen. Kannst du vergessen.

NUR MAL ANGENOMMEN ...

... du rittest eine Schildkröte
Und ich eine Schnecke,
Wem da sich wohl böte
Die schnellere Strecke?
Einer von uns wäre Letzter,
Und der and're? Noch wetzt er.

GUTE IDEE

Ihr müsst Vati überreden,
Dass er auf den Händen geht,
Ihn bequatschen, dass er jeden-
Falls noch ein paar Runden dreht.
Das macht ihn stolz und o
So froh,
Und das Kleingeld, aus seinen Taschen gefallen,
Könnt ihr euch krallen.

DER WISSENSCHAFTLER
UND DAS FLUSSPFERD

Man glaube nicht alles,
Was sie so sagen,
Nur weil sie es lehren
Und laut deklamieren.
Es heißt, keines Falles
Darf man es wagen,
Was zu verzehren,
Was größer ist als man selbst, aber das muss man,
  finde ich persönlich zumindest,
notfalls auch bei Einsatz von Leben und Gesundheit
  im Dienste der Erkenntnis immer erst mal
Selber probieren.

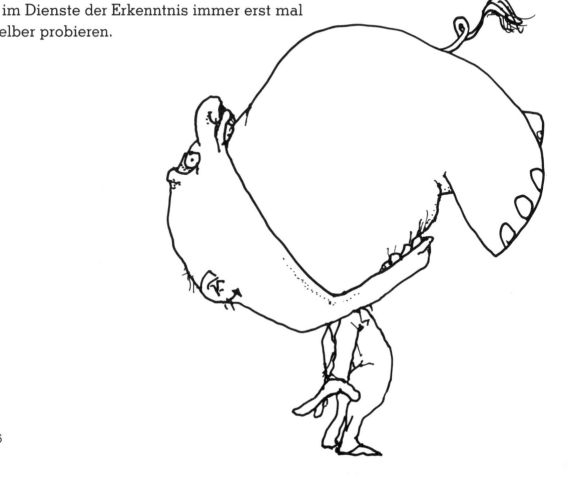

UNERWACHSEN WERDEN

Ein Grunzen, ein Grummeln, ein Höhnen und Maun-
Zen, und was habt ihr? Den ollen Herrn Braun,
Den mürrischsten Mann in der ganzen Stadt,
Was ihm den Namen »Erwachsen-Braun« eingebracht hat.
Machte Mädchen, Bub oder Welpe mal Faxen,
Schon murrte er: »Werdet erst mal erwachsen.«
Er sagte: »Warum keine Höflichkeit?
Warum immer nur Schreien und Zanken und Streit?
Warum müsst ihr eure Kleidung verschmutzen?
Warum könnt ihr euch nicht mal die Nase putzen?
Warum macht ihr immer so einen Krach
Und räumt nie eure Sachen ins Fach?
Warum hasst ihr es, euch die Hände zu waschen?
Warum habt ihr stets Unrat in Schuhen und Taschen?
Leg' ich mich aufs Ohr, fangt ihr an, euch zu hau'n.
Werdet erwachsen«, sprach Erwachsenwerd-Braun.

Wir fragten den erwachsensten Mann dieser Erden:
»Wie wär's mal mit Unerwachsenwerden?
Schrammen Sie sich doch die Knie mal auf,
Und klettern Sie mal auf die Bäume hinauf.
Trommeln Sie doch mal auf Dosen, *pljammpljamm*,
Und knallen Sie ganz laut mit Bubblegum.
Warum kicken Sie keine Büchsen an Wände?
Warum waschen Sie sich nicht *nicht* mal die Hände?
Warum gehen Sie nicht in den Fußballverein?
Warum springen Sie nicht und hüpfen und schrei'n?
Warum verlieren Sie keine Murmeln in Hecken?
Warum sieht man Sie niemals an Eistüten lecken?

Wenn Sie traurig sind, warum flennen Sie nicht?
Mit Pappi mal schmusen? Das kennen Sie nicht.
Warum kleben Sie keine Gesichter ans Fenster?
Warum glauben Sie nicht mehr an Gespenster?
Warum veranstalten Sie keine Kissenschlachten
Und wollen mit Teddy nicht *nicht* übernachten?
Warum nicht mehr auf der Wippe wuppen?
Warum wünscht man sich nichts, wenn die Sterne schnuppen?
Nichts mit Laternenumzug durch früh dunkle Gassen?
Warum schneiden Sie keine irren Grimassen?
Warum lächeln Sie nie, als wär'n Sie verflucht?
Schon mal mit Unerwachsenwerden versucht?«
Da knirschte Erwachsen-Braun, kniffte die Stirn,
Rieb sich am Kopf und bemühte sein Hirn
Und sagte schließlich mit hilflosem Brummeln:
»Vielleicht versuch' ich's«, und fing an zu grummeln.

Also begann Herr Erwachsen zu singen,
Befasste sich nur noch mit törichten Dingen,
Schnitt üble Grimassen, die sah man von ferne,
Und sang so laut wie kein Zweiter: »Lateeerne!«
Die Tage verbrachte er stolz auf der Wippe
Und zählte nachts Sterne mit bebender Lippe.
Er trommelte, lärmte auf Deubel-komm-raus
Und gab 20 Euro für Bubblegum aus.
Kein Fenster war sicher mehr vor seinem Kleister
Und abwechselnd sah er Gespenster und Geister.
Bei Kissenschlachten machte schwer er was her
Und schlief auch nur noch mit Teddybär,
Ließ Drachen steigen, kickte die Dose
Und rieb sich Modder auf Hände und Hose.

Er zeichnete Bilder, warf einige Steine,
Aß siebenundvierzig Eis ganz alleine,
Kriegte Sand in die Schuhe, einen lockeren Zahn
Und Nasenbluten: »Nicht weh getan!«
Er bekam einen Hund, sie sind glücklich geworden,
Er imitierte gar Hallervorden.
Er klomm auf ein Dach (ohne Auftrag jetzt)
Und hat sich dabei sogar böse verletzt.
Er stieg auf die Bäume, rollte Hügel hinab,
Schürfte die Knie sich auf, das nicht zu knapp.
Er versuchte es mit dem Fußballverein
Und spuckte vor Trauer, als die sagten: »Nein«,
Weinte wie die heulendsten Susen
Und ging mit seinem Pappi schmusen.
Er trug einen richtig saublöden Hut
Und spuckte fünf Meter weit, so weit, so gut.
Er lernte zu ringen, sich kitzeln zu lassen,
Lutschte Daumen, rülpste, es ist nicht zu fassen.
Er zerriss und befleckte sich stiekum die Jacke,
Rannte barfuß im Regen und sagte laut: »Kacke.«
Der Stadt rief er zu, nunmehr ganz unbeirrt:
»Doch, hat was, wenn unerwachsen man wird!«

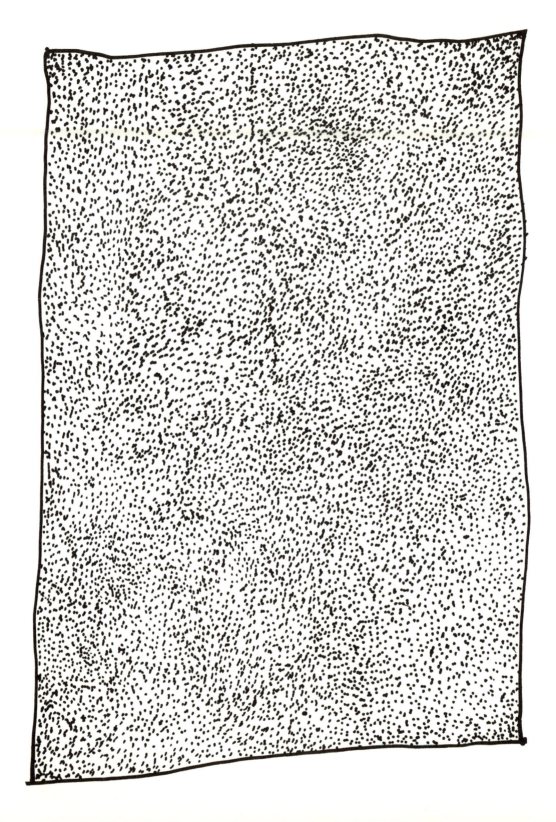

DER FROSCH

Die Schüchternheit macht Frank,
Den kleinen Frosch, ganz krank.
Drum bleibt er still im Schrank
In dichter Nebelbank.

LIEBE IST WAS TOLLES, ABER …

Frau Pelikan sagte, sie liebt mich,
Nach mir steht ihr nur noch der Sinn,
Und um mir die Liebe zu zeigen,
Ließ sie in den Schnabel mich steigen
Und flog mich überallhin.
Doch dann sah sie – tief unten – die Scholle,
Tauchte ab, ließ mich fallen – und, *zisch*,
Sprach: »Ich lieb' dich wie dolle,
Aber Fisch, o mein Liebster, ist Fisch.«

WIE HUNGRIG IST POLLY?

»Ich könnte ein Pferd fressen!« Polly, die vor Hunger raste,
Sagte dies beim Picknick im Park.
Der alte Hengst Drago, der nahebei graste,
Hörte das und fand es recht stark.
Er schwenkte die Mähne, machte *tripptrapp*,
Hoch sein edles Haupt ragte,
Schnaubend sah er hinab,
Und dies ist, was er sagte:
»Ich wurde geritten, ich habe gezogen,
Ich wurde um einen Parcours gehetzt,
Es wurde geknipst und – ungelogen! –
Wurden plärrende Kinder auf mich gesetzt.
Im Winter zog ich ganze Züge,
Sowie auch Schlitten, große und kleine,
In klebrigen Sommern zog ich Pflüge,
Und Bremsen summten um Kopf mir und Beine.
Ich wurde gepeitscht, ich wurde geschlagen,
Ich wurde ein elender Klepper genannt –,
Aber mich fressen zu wollen zu wagen,
Das ist ein Skandal und das ist allerhand!
Und wenn man mich so unmäßig
Beleidigt, könnt' vor Hunger ich glatt mich vergessen
Und bin eben jetzt so gefräßig,
Ich könnte ein *Kindlein* glatt fressen.«

FÜNFUNDZWANZIG VERWENDUNGEN FÜR SPAGHETTI

Beim Spaghetto ist keinerlei Vorsicht geboten,
Man kann ihn als Peitsche verwenden, als Knoten,
Als Säuglingshalter für auf den Rücken,
Beim Gänseausführen (spart lästiges Bücken).
Er macht Schleudern zu Schleudern, Zwillen zu Zwillen
Und schont bei alten Platten die Rillen.
Als Springseil, als Reifen für's Tretrollerrad,
Als wankenden, schwankenden Drahtseildraht,
Als Boxringbespannung zum Sparren,
Als Saiten für schlappe Gitarren,
Und obwohl sie warm sind, schlabbrig und nass –,
Als Volleyballnetze erstaunen sie bass.
Als Hosenträger, große und kleine,
Halten Hosen sie oben (deine, nicht *meine*).
Eine Schnur für deinen roten Ballong,
Ein Kabel für dein Telefong,
Um nicht Haarbänder, Schlipse und Senkel zu nennen,
Rentierzügel für Rentierrennen,
Doofe Königinnenperücke für den Abtanzball,
Ein matschiger Bart für Karneval,
Brauchbares Lasso,
Leine für Hasso.
Hab' ich noch irgendwas vergessen?
Ach so, ach ja, man kann das Zeug *essen*.

IM KNOTFALL
BITTE NICHT WECKEN

Jemand hat, ein bisschen schief,
Einen Knoten gemacht in die Schlange,
Derweil sie schlief …
Sie schlief dann nicht mehr lange.

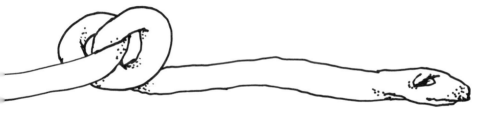

JIMMY-JACK-JOHN

»O wohin ziehest des Wegs du, mein Jimmy-Jack-John,
Nur mit dem Monde als Licht?«
    »Das Morgenblau'n such' ich, ich finde es schon;
    Heim komm' ich heut' Nacht eher nicht.«

»O warum weinst, mein Jimmy-Jack-John,
Du, starrst hinaus du auf's Meer?«
    »Hinterm Teich, glaube ich, da wartet es schon,
    Auf mich. Und zwar sehnsüchtig. Sehr.«

»Doch warum schweifst du, mein Jimmy-Jack-John,
Umher auf der Suche nach Blau?
Wickle dich einfach ins Dunkle, und schon
Kommt das Morgenblau'n zu dir. Da, schau!«

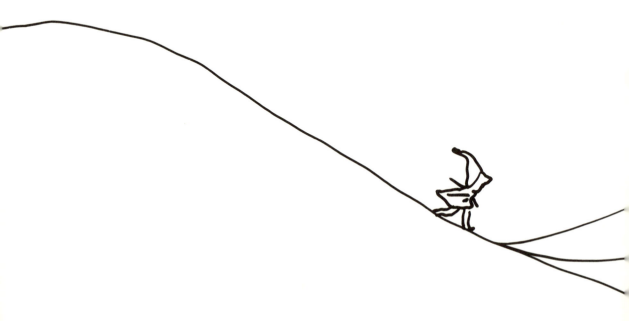

STUBENREIN

Das Hundchen ist endlich stubenrein?
Na, das wurde auch Zeit, na, das musste mal sein.
Du hast ihm beigebracht, dass er
Auf die Zeitung macht? Aber was er
Lassen soll: Wenn ich sie *lese*, das Schwein.

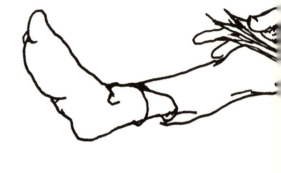

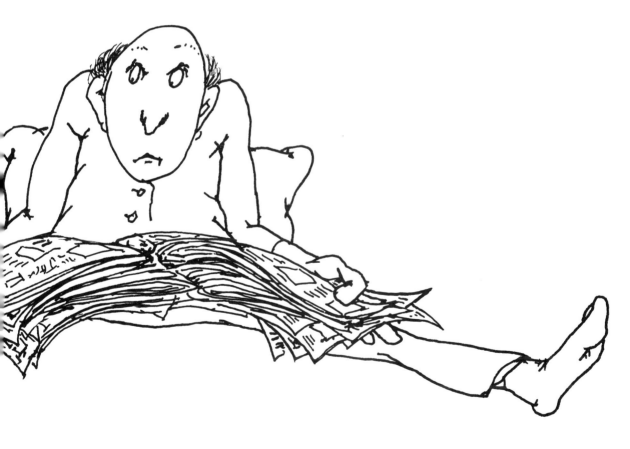

FALSCHRUM

Das war doch niemals abgemacht,
Ach, haltet doch den Rand.
Das hatt' ich anders mir gedacht
Mit »bis zum Hals im Sand«.

DER UHRMANN

»Wie viel zahlst du für einen Extra-Tag?«,
Fragte der Uhrmann das Kind.
»Keinen Cent«, kam die Antwort, die nahelag,
»Weil meine Tage so viele noch sind.«

»Wie viel zahlst du für einen Extra-Tag?«,
Fragte er den erwachsenen Mann.
»Vielleicht fünf Euro, wenn ich mag,
Weil meine Tage nicht zählen ich kann.«

»Wie viel zahlst du für einen Extra-Tag?
Sag es schnell, denn die Lebenszeit rennt.«
»Alle Perlen im Meer«, sprach der alte Mann zag-
Haft, »und die Sterne am Firmament.«

SCHREIBENERZÄHLENZEICHNENSINGEN

Ich habe dir hundert Geschichten erzählt,
Dir tausend Lieder gesungen,
Eine Million dummer Reime mir abgequält
(Die Grammatik nicht immer gelungen).
Gezeichnete Bilder? Eine Zillion!
Und das soll jetzt nicht raffgierig klingen,
Doch nach allem, was ich für dich schon
Geschriebenerzähltgezeichnetgesungen habe,
Möchtest du mir nicht auch mal was schreibenerzählenzeichnensingen?

KÖRBE WERFEN WIE NOWITZKI

Basketball können auch Kleine famos
(Ist ja nicht jeder zwo sonstnochwas groß),
Wenn man den Biss hat und die Hüpfkraft der Flöhe
(Und einen Korb in etwa eins zwanzig Höhe).

DER PELIKAN

Große Fische aus dem Meer
Holt der Pelikan sich sehr
Leicht, doch eine Ameise, so einen Wicht,
Pelikanner nicht.

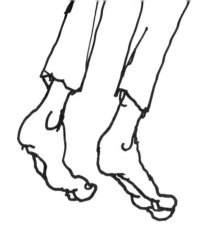

TRAMPOLIN

Er dotzte auf dem Trampolin
In die Höhe munter,
Da sah er sie, und sie sah ihn,
Und sie kam grade runter.

Ein Gänseblümchen kess im Ohr,
Ein Seidenkleid, viel bunter
Als sonstwas, schwebte sie empor,
Und er kam grade runter.

Er wollte grüßen, wollte loben,
Sie strahlte, sagte: »Gunter,
Komm doch ein bisschen mit nach oben«,
Doch er kam grade runter.

So klappt das mit den beiden nie,
Denn dies ist der Befund: Er
Dotzt nach oben, sieht ihr Knie,
Und sie kommt grade runter.

MEIN HUT

Manche tragen lieber Hut,
Manche gern Barett,
Manchem steht Sombrero gut,
Turban? Fes? Wie nett.
Manche was mit Entenschnabel,
Micky-Mauseohr,
Propeller obendrauf? Auch fabel-
Haft; kommt alles vor.
Doch woran liegt's, dass, wenn mir Mutti
Meinen Hut aufsetzt,
Jeder, tout le monde und tutti
Rasch entsetzt entwetzt?

DER TANZ DER SCHUHE

Warst du beim Tanz der Schuhe dabei,
Als sie abhauten, je zwei und zwei –,
Sie kamen aus dem Schuhschrank gekrochen,
Haben teilweise etwas gerochen,
Tanzten den Schuhtanz auf eins und auf drei:
Und die Highheels klickten,
Mit den Stollen die kickten,
Und die Sandalen flippfloppten,
Und die Klompjes klippkloppten,
Und die Knöpfstiefel knarrten,
Die Adidas verharrten,
Und die Babyschuhe hopsten,
Und die Pantüffeltoffel mopsten
Sich, die Ballettschuhe schwebten,
Und die Einlagen klebten.
Sie begannen um sieben und tanzten bis zehn,
Bis es Zeit war, zurück in den Schrank zu gehn.
Oh, diese Schuh-, diese Schuhtanzerei!
Jetzt stehen sie wieder aufgereiht,
Sehen geputzt aus, erlesen,
Als wären sie die ganze Zeit
Auf keinen Fall sonstwo gewesen.

FORSCHUNG

Professor Bauz von der schon morschen
Fauna-Flora-Fakultät
Beschloss, jetzt endlich nachzuforschen,
Wie's um die Elefanten steht,
Wie, namentlich, der Schwanz des Dick-
Häuters an der Lederhaut
Befestigt ist, das wär' 'nen Blick
Wert, wert, dass man mal drunterschaut.
Und wie Professor Bauz so schaute,
Passierte etwas unfassbar
Unappetitliches, es haute
Ihn um, und noch im selben Jahr
Ließ er die Forschung Forschung sein
Und glänzt jetzt im Gesangsverein.

FEIN IN SCHALE

In langem Nerz
Und Echsenhautstiefeletten
Mit Senkeln aus echter Klapperschlange,
Mit Bibermütze
Samt Waschbärschwänzen,
Richtig fein in Schale,
Hörten wir sie rufen:

ER DENKT, ER VERSTECKT SICH

Er träumt von einem Glunk, und der Glunk kuckt ganz schlimm so,
Und da denkt er, er versteckt sich einfach lieber irgendwo.
Er denkt, er versteckt sich zwischen den Laken,
Und da ist ein Menschenfresser, und statt Hände hat er Haken.
Er denkt, er schlüpft in die Kommodenschublade,
Doch da ist ein Tiger und brüllt: »Kind mit Limonade!«
Er denkt, er versteckt sich unter dem Bett,
Doch eine Leiche ohne Kopf frisst dort gierig Zwiebelmett.
Er denkt, er versteckt sich hinter der Tür,
Doch dort schnarcht laut ein Monster, erst die Pflicht und dann die Kür.
Er denkt, er versteckt sich unten im Keller.
Dort sitzt ein Drache auf dem Ergobike und hechelt: »Schneller! Schneller!«
Er denkt, er versteckt sich unter den Stufen,
Und hört dort eine Mumie auf Ägyptisch nach ihm rufen.
Er denkt, er versteckt sich einfach hinter den Gardinen,
Doch dort sind die Hornissen schon, mitsamt den Mörderbienen.
Er denkt, er versteckt sich einfach hinterm Schrank,
Doch dort mordet ein Professor, und der Anblick macht ihn krank.
Er denkt, er versteckt sich hinter Omas Vase,
Doch sitzt dort eine Hexe mit elf Warzen auf der Nase.
Er denkt, er versteckt sich unterm Spülstein in der Küche,
Doch sitzt dort ein Vampir, trinkt was Rotes, äußert Flüche.
Er denkt: »Ob mich wohl auch was im Mülleimer nervt?«
Und findet einen Werwolf vor, der sich die Fingernägel schärft.
Drum steigt er in sein Bett zurück und träumt vom nächsten Tag,
Versteckt sich froh in allem, was der Tag wohl bringen mag.

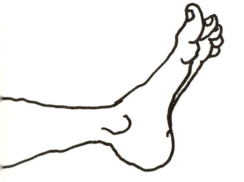

HALTEN

Händchenhalten ziemt sich nicht;
Das könnte jemand sehen.
Doch ich bin so auf dich erpicht –,
Hältst du mit mir die Zehen?

WESHALB ICH SO ZETERE

Der Zahnarzt zog, und er zog mir den Zahn,
Zog an der Wurzel, und in seinem Wahn
Zog er den Zahn bis zur Tür hinaus
Und immer weiter bis ins Hinterhaus.
Er nahm den nächsten Zug nach Adelsborn
Und buchte einen Flug zum Matterhorn.
Per Anhalter fuhr er nach Saas-Fee,
Und mit Führer ging's nach Hamburg in die Johnsallee.
Schwimmend durchquerte er wie nix die Dardanellen,
Auf Rollschuh'n dann den Nil entlang bis hin zu dessen Quellen.
Über den Rhein stakte er mit einem Floß,
Und Düsseldorf durchhüpfte er auf einer Stelze bloß.
Mit dem Segelsegelboot dann durch den Weiß-nicht-Sund,
Auf einer Ziege durch Granada, hei, da ging es rund!
Jetzt radelt er durch Zwischenahn,
Zieht immer noch an diesem Zahn.
Bezahlen, sagt er, soll ich ihn,
Und deshalb auch mein Zetern,
Nicht für erfolgtes Zähnezieh'n,
Nein, nur nach Kilometern.

WIE MAN EINEN NAGEL EINSCHLÄGT

Zum Nageleinschlagen brauchst du einen Hammer
Sowie auch einen Nagel, das wäre sonst ein Jammer.
Nun hau nicht auf den Dau-
Men drauf, das täte nämlich weh,
Und wenn du ihn verfehlst, dann – AU! –
Tut's auch der große Zeh.

ANGST

»Da lauern kleine *Kinder* unterm Bett!«
Das kleine Babymonster schrie.
Die liebe Mutti Monster lächelte nett.
»Es gibt gar keine Kinder«, tröstete sie.

VERLORENE EINZELTEILE

Hab' mich um Kopf und Kragen geredet,
Hab' mir den Arsch aufgerissen,
Hab' mir die Augen aus dem Kopf geweint,
Hab' mir die Beine in den Bauch gestanden,
Hab' mein Herz in Heidelberg verloren –,
Also das Fazit in Zeile 7:
Viel ist von mir nicht übrig geblieben.

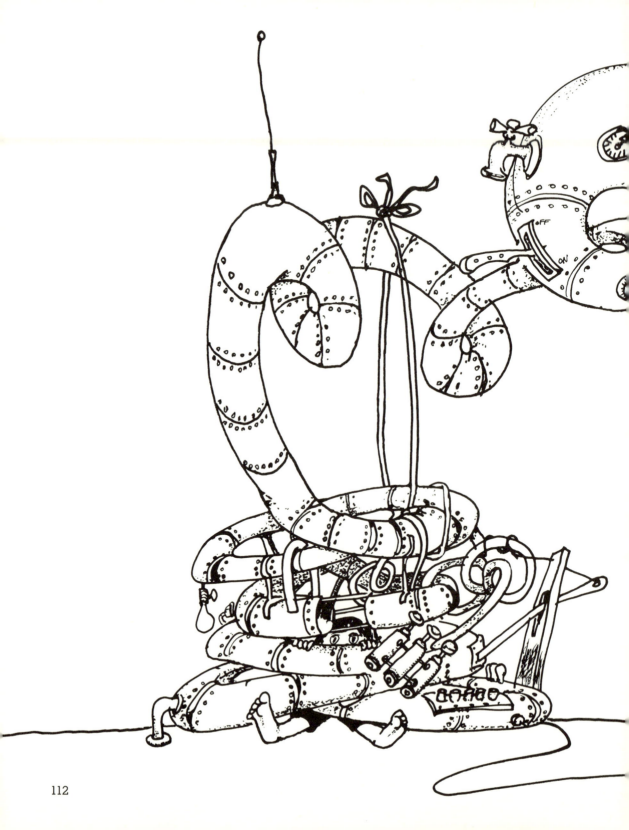

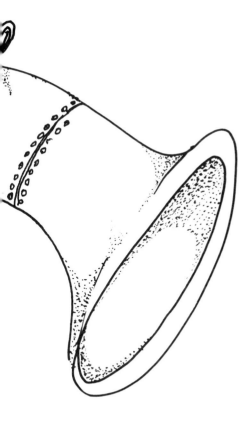

DAS HORN

Dies ist das Dingshorn, das ich so mag,
Von der Firma Musikalien Max Moll.
Moll sprach: »Fünf Minuten üben pro Tag,
Und in Nullkommanix bist du toll.«
Dann geb' ich Konzerte, es tutet und klingt,
Spiele so süß, wie die Nachtigall singt,
So sanft, wie der Schnee fällt,
So klar wie das Eis.
So laut wie die wilden Winde im Winter,
Und ich werde geliebt, sobald ich es weiß,
Wo man reinbläst; da komm' ich noch hinter.

FEHLER

Fragt bitte nicht,
Was und wo,
Wie und warum und wann.
Sagen wir einfach,
Ich war halt so
Mutig. Dabei belassen wir's dann.

SPECK MIT KOPFSALAT UND ... *WOMIT*?!

Hund, das hat doch keinen Zweck!
Frisst mir einfach die Tomate von meiner Klappstulle mit Speck,
    Kopfsalat und Tomate weg!
Was soll ich mit Kopfsalat und Speck?!
Hätte nicht übel Lust auf eine Klappstulle mit Speck,
    Kopfsalat und *Hund*, vor Schreck.

WER IST DER HÄSSLICHSTE IM GANZEN LAND?

Der Hässlichkeitswettbewerb, Achtung, los, Beginn!
Zuerst kommen die mit dem spitzen Kinn,
Jetzt kommen die, die breit und zahnlos grinsen,
Jetzt kommt der Fischkopp dran, das geht voll in die Binsen,
Jetzt kommen die mit den eingefall'nen Augen,
Jetzt die Spezialisten, die an Auspuffrohren saugen,
Jetzt kommen die mit der grünen Schuppenflechte,
Jetzt kommt Willi Widerling, dem wünsch' ich alles Schlechte,
Jetzt kommst du … Glückwunsch! Du bist der Eine, Wahre, Echte!

DAS SPIEL

Schön, dass du gekommen bist,
Spielen wir ein Spiel,
»Bösewicht und Polizist«,
Da geht es nicht um viel:
Ich erschieß' dich, du bist tot,
Danke, Zeit für's Abendbrot.

IN MEINEM GARTEN

Anheimelnder Bär, currywurstfarben,
   dotzt ekstatisch freitags,
Grapscht Honig in Joghurtgläsern,
Kängurus losgelöst,
Menschenaffen naschen, oh, paradiesisch,
Queen Rita schlürft Tee unter Verandapflanzen,
Während Xavers Yuppie-Zebra …

ICH HABE DEINE NASE

Sie schrie: »Ich habe deine Nase«,
Und drückte mit den Fingern um den Daumen herum.
Das fand sie wohl lustig, meine Cousine (oder Base),
Ich fand es nur albern und blöde und dumm.
Aber dann sah ich in den Spiegel
Und habe mich so erschreckt.
Sie *hatte sie*! Sie *hatte sie*! Sie hatte meine *Nase*
Und mir zum Ausgleich den *Finger* ins Antlitz gesteckt.

FOOTBALL ≠ FUSSBALL

Ich bin der allergrößte, allerneu'ste Superstar,
Meinen Namen werdet jubeln ihr in einem Jahr.
Ich bin so schlau und so gewieft und auch so stark und auch so schnell,
Ein Experte in der Sportart, doch eventuell
Hätte ich noch eine Frage,
Komm' mir selber komisch vor,
Dass ich sie zu stellen wage,
Nämlich: Wo … wo ist das Tor?

DIE WINDELN WECHSELN

Wir wechseln gern die Windeln,
Wenn das Baby plärrt.
Wir wechseln gern die Windeln,
Weil's an den Nerven zerrt.
Wir wechseln gern die Windeln,
Wenn's Baby wieder pisst,
Doch noch lieber als die Windeln
Würden wir zu einem Baby wechseln,
Das immer trocken ist.

ZEICHENSPRACHE

Dies bedeutet Frieden,
Dies bedeutet Sieg
Und:
»Ob ich bitteschön wohl noch zwei Limo krieg'?«

DIE TREPPE

Ich stieg die Treppe zur Sonne hinauf,
Meine Augen zu füllen mit brennendem Gold,
Doch der Himmel war klamm, schwarz, gar nicht gut drauf,
Feuchtkalt war die Luft, das war nicht gewollt,
Und tief unten strahlte die Erde so hell.
Ich setzte mich, starrte verwundert, und dann
Stieg ich treppab, ich glaube, so schnell
Steig' ich *da* nicht wieder hinauf, Mannomann.

BIOGRAFIE

Erst kam er auf die Welt,
Als wäre er bestellt,
Dann hieß es: »Jetzt lern schwimmen.«
Dann wurde er vermählt,
Gleich begraben, nicht gequält,
So war das. Wird schon stimmen.

FRITZ' KÖPFE

Auf dem Schild stand KÖPFE FRITZ.
Neuer Kopf? Bei Fritz kein Witz.
Den Kopf, perfekt für Ihren Hals,
Den alten lassen'S hier, für falls.
Probieren Sie den, der zu lächeln scheint,
Tragen Sie diesen, der manchmal auch weint.
Hier Bruder Lustig, der nie nichts verübelt,
Hier ist einer, der runzelt und grübelt.
Wie wär's mit diesem? Der grinst ständig dumm,
Und ist er abgenutzt, nehm' ich's nicht krumm,
Bringen Sie 'n her, und tauschen Sie 'n um.

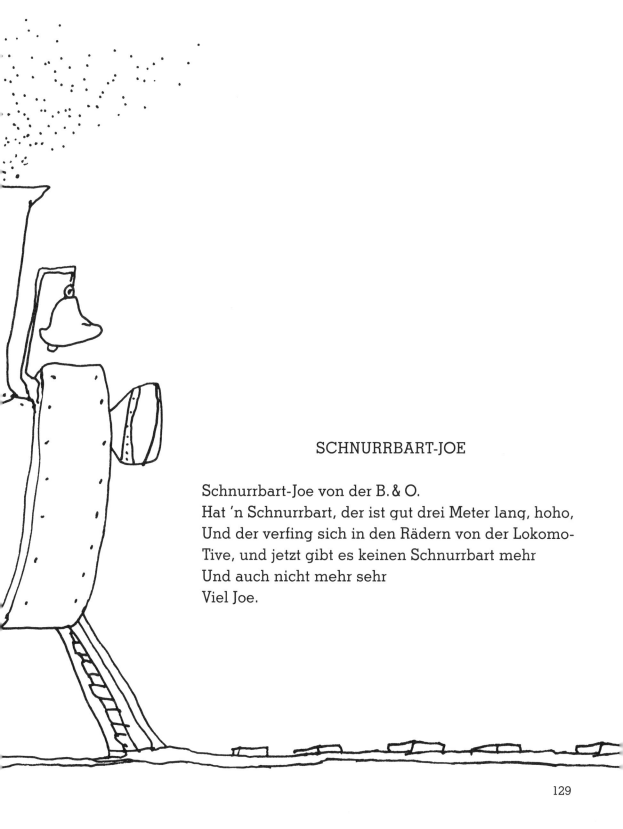

SCHNURRBART-JOE

Schnurrbart-Joe von der B. & O.
Hat 'n Schnurrbart, der ist gut drei Meter lang, hoho,
Und der verfing sich in den Rädern von der Lokomo-
Tive, und jetzt gibt es keinen Schnurrbart mehr
Und auch nicht mehr sehr
Viel Joe.

DER LADEN DER BIESTIGEN BETTINA

Was Sie auch wollen, wir haben's nicht mehr.
Was Sie auch brauchen, wir führen es nicht.
Wenn Sie fragen, ob wir haben, was wir angeblich hätten,
Sind Sie nicht zu retten,
Kommen ganz vergebens her.
Nein, das verkaufen wir nur ganz, ganz hin und wieder,
Nein, lassen Sie sich gar nicht erst hier häuslich nieder.
Nein, das ist bereits ab Werk bei uns total vergriffen,
Und auf Ihre Wünsche ist stets allemal gepfiffen.
Außerdem ist es draußen aus, das Licht,
Und unsere Öffnungszeiten – können Sie nicht lesen? –
Sind wie jeden Tag von zwölf bis zehn nach zwölf gewesen.

ICH WAR'S NICHT

Ich hab's nicht getan
Das ist schlicht gelogen
Ich hab's nicht getan
Gelogen und betrogen
Ich hab's nicht getan
Hörst du nicht mein Flennen
Ich hab's nicht getan
Will in der Hölle brennen
Ich hab's nicht getan
Bin doch ein Ehrenmann
Doch *hätt'* ich es getan …
Wie böse wärst du dann?

INNENGESICHT

Unter meinem Außengesicht
Ist noch ein Gesicht, aber unsichtbar,
Bisschen weniger Protz,
Dafür bisschen mehr Rotz,
Und viel mehr wie ich, mit Haut und mit Haar.

DIE POLIZEI, DEIN GEHORSAMSTER FREUND UND HELFER

Die Polizei, zu Fuß, beritten,
Verlegt sich jetzt auf nettes Bitten.
Statt Knüppeln, Schlägen, Knüffen, Tritten
Regieren jetzt ganz and're Sitten.
Inzwischen wird devot gebeten:
»Bitte, die Tür nicht einzutreten«,
»Bitte, nicht diese Juwelen zu rauben«,
»Bitte, den Discman nicht abzustauben,
Kein gestohlenes Auto zu steuern
Und diese Pistole nicht abzufeuern«.
»Bitte, fälschen Sie keinerlei Schecks«,
»Behelligen Sie uns bitte wegen jedweden Drecks«
Und: »Bitte, legen Sie keine Brände.«
Noch überzeugender wird diese Wende
Auf der Bitte-Bitte-Wache,
Wo der freundliche Bitt-Kommissar
Sagt: »Seh'n Sie, wie ich ›bitte‹ mache
Auf diesen meinen Knien sogar.«
Das Verbrechen wird besiegt,
Wenn man auf den Knien liegt.
Siehst du also nächstes Mal rot,
Weil jemand dich mit der Knarre bedroht,
Während er deine Wohnung ausraubt,
Ruf beim Revier an, da wird dir geglaubt.

DAS REIMHUHN

Die Federn blau und rot der Schopf,
Das Reimhuhn kam gehüpft,
Sitzt bräsig jetzt auf meinem Kopf
Und wartet, dass was schlüpft.
»Das ist kein Ei«, schrei' ich, doch es
Hockt, wartet auf den Tag
Des Sprungs im Kopf, und dass ihm kess
Ein Vers entkullern mag,
Der seine Federn schüttelt, putzt
Und mich beim Abflug rasch beschmutzt.

DER REGENBOGENWERFER

Der Regenbogenwerfer,
Der kneift ein Auge zu
Und schleudert seine Farben
Weit durch die Himmelsruh',
Und jenseits, jenseits, jenseits
Des Tors zum Horizont
Der Regenbogenfänger sitzt
Und wartet bunt besonnt.

VOR DEM START

Herr Kranz sagt seinem Sohn Hans:
»Lauf schnell, diszipliniert!«
Herr Ferner sagt seinem Sohn Werner,
Er bringt ihn um, wenn er verliert.
Herr Schnupsi sagt dem kleinen Hubsi:
»Sei furchtlos, kühn, blabla«,
Und der kleine John gewinnt den Marathon
(Sein Vater war nicht da).

DIE HEXE WALENDA

Unheimlich, die Hexe Walenda, du Bube,
Die anderen Hexen besiegt sie.
Mit ihrem Besen fegt sie die Stube,
Und auf ihrem »Hoover«-Klopfsauger fliegt sie.

ASCHENPUTTEL

Sie verließ den Palast,
Sie verließ den Ball,
Ließ eins ihrer Schuhchen zurück.
Ich glaube fast,
Auf gar keinen Fall
Such' ich sie.
Sonst hab' ich noch Glück.

DANACH

Nach der Schneeschmelze und nach dem Regen
Kam eine Hand aus dem Boden
Und zeichnete mir ein Bild
Und schrieb mir ein Gedicht
Und zeigte mir den Weg nach Hause
Und berührte sanft mein Gesicht.

VIERMÄDERLPONY

Yvonne v. Topf spielt Pferdekopf,
Denn sie hat Strubbelhaar.
Marlene, mit ihrer roten Mähne,
Die spielt den Hals, na klar.
Frl. Weinlich ist alles peinlich,
Da spielt sie den Pferderücken,
Und nur weil ich einen Pferdeschwanz habe,
Spiel' ich Po. *Und* muss mich bücken.

PREMIERE

Lampenfieber
Und Grippe, kein Schmu,
Verpasste den Einsatz
Und kam auch noch zu
Spät. Den Regisseur trat sie,
Beschimpfte die Crew,
Stolperte über was,
Fiel in Feuchtes. *I-Puh!*
Zerriss ihr Kostüm
An Stellen, die du
Nie errätst.
Dann vergaß sie den Text, trotz hohem IQ,
Und sagte »Miau!«
Statt viel richtiger »Muh!«.
Programmhefte flogen
Plus Popcorn im Nu.
Sie stob von der Bühne
Mit *Bu-hu-hu-hu*,
Verfing sich im Vorhang
Mit ihrem Schuh.
Kulissen purzelten,
Die Lampen dazu –,
Vielleicht gab sie deshalb
Kein Interview.

HEINZI HALL

Heinzi Hall
Ist neu im Stall,
Heinzi Hall
Ist groß und drall.
Heinzi Hall
Springt höher, schneller als der Schall.
Gebt Heinzi Hall
Den Basketball –,
Er reißt den Korb ab, Knall
Auf Fall.
Den andern all'
Blieb nur Krawall,
Schöss' Heinzi Hall
Den Basketball.
Der Sieg wär' unser, klarer Fall,
Mit Heinzi Hall, mit Heinzi Hall,
Doch Heinzi Hall…
Hasst Basketball.

P. S.: Der mit dem Hut ist Heinzi Hall,
Der links im Bild, der hat 'n Knall.
Der spielt nicht mit, der kann uns mall.

ZEIT ZUM MELKEN

Der Kurzsicht'ge Kurt
Mit Schemel, Eimer und Gurt
Nimmt Platz, um zu melken den Stier.
Er zieht ihn am Schwanz,
Der Stier schnaubt, und ganz
Leicht mit den Hörnern wackelt das Tier ...
Hat in letzter Zeit ihn
Vielleicht jemand gesehen? Kurt? Den mit
    den vielen Dioptrien?

MEINETWEGEN BRAUCHST DU DICH NICHT ZU ÄNDERN

Bist du schlampig, ist mir's recht.
Launisch? Find' ich auch nicht schlecht.
Bist du dick? Find' ich ganz toll.
Mager? Find' ich wundervoll.
Bist du herrisch? Wunderbar.
Böse? Eklig? Alles klar.
Ein Grobian? Das bist halt du.
Gemein? Da sag' ich gar nix zu.
Was du auch bist, ist ganz okay.
Ich kann dich eh nicht leiden, ey.

WOHIN MIT DER SCHMUTZIGEN WÄSCHE?

In die Waschmaschine,
In die Wanne, dass es kracht,
Zur Wäscherei »Undine«,
Wo sie dann jemand macht?
In den Wäschekorb bis morgen
Mit »EILIG!«-Zettel dran?
Ich mach' mir keine Sorgen,
Ich lass' sie einfach an.

DUMM

Krücken, Gips und Binde
Plus Text: DEM DUMMEN KINDE.

DER RÜDE RÜDIGER RÜBSAM

Rüdiger Rübsam aus Wenningstedt-Mitte
Sagte nie »danke«
Und sagte nie »bitte«.
Er schrie: »Gib mir 'n Fuffi!«
Oder: »Gib mir 'ne Quitte!«
Oder: »Reich mir das Salz!«
(Doch er sagte nie: »Bitte.«)
Eines Tages auf Skiern
Ab durch die Mitte,
Gellte »Bahn frei!« er
(Doch er sagte nicht: »Bitte.«),
Pardauz, überschlug sich,
Verfing sich in Bäumen, der sonst doch so Fitte
Schrie: »Helft mir hier runter!«
(Doch sagte nicht: »Bitte.«)
Also klomm er herab,
Zuversichtlich, er glitte
Auf feuchten Blättern nicht aus, schrie: »Fangt mich mal auf!«
(Doch er sagte nicht: »Bitte.«)

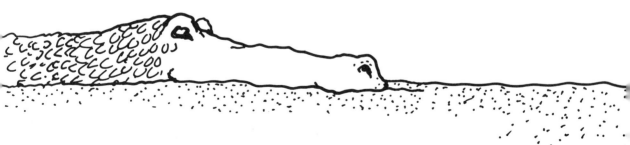

Also fiel er in Modder
Wie nach scharfem Ritte,
Schrie: »Holt mich hier raus!«
(Doch er sagte nicht: »Bitte.«)
Gänse bepickten ihn
Nach Zugvogelsitte.
(Wir hätten verscheucht sie,
Doch er sagte nicht: »Bitte.«)
Er versank bis zum Kinn,
Für Honigschnitte
Hielten ihn Bienen. »Ein Seil!«, schrie er.
(Doch er sagte nicht: »Bitte.«)
Dann kam ein Reptil an,
Nun schon das dritte.
(Er dachte: »Errett mich, o Herr«,
Doch er dachte nicht: »Bitte.«)
So fraß das Reptil ihn
Vom Hals bis zum Schritte.
(Wir hätten ihm Salz gereicht,
Doch es sagte nicht: »Bitte.«)

DER NEUE JOB

Zwei Stunden Arbeit im Süßigkeitenfachgeschäft, und
Schon verkünde ich: »Zucker ist ungesund!«

DAS PUPPENHAUS

Du kannst nicht zurück in dein Puppenhaus;
Du bist inzwischen zu groß.
Du musst mit uns leben,
Wir halten das aus,
Musst Dinge erstreben,
Die neu sind –, nur los!
Doch ich wünschte, ich wäre
Klein wie die Maus.
Dann kröch' ich, ich schwöre,
Ins Puppuppenhaus.

DER PRINZ

»Du wirst nie König«, sprach die Herrsch'rin erregt,
»Denn wo soll das, bitte, noch enden,
Wenn man Krone und Zepter ständig verlegt
Und durch die Flure geht auf den Händen?«

»Er wird nie König«, sprach der Herzog nun stramm,
»Denn er spielt auf dem Thron mit den Zehen
Und wackelt und gackelt und wälzt sich im Schlamm,
Will stets ohne Leibgarde gehen.«

»Ich werde König«, sprach der Prinz nun zum Schluss,
»Und mein Volk wird singen und lachen,
Auf den Händen gehen (ist aber kein Muss)
und sich königlich erzdreckig machen!«

AUFWÄRTS

Ein Alligator, dünn wie 'n Stift,
Steigt in den überfüllten Lift.
Die Tür macht *plock*,
Im 6. Stock
Entsteigt die Echse, rülpsend, fett,
Dem leeren Lift: »Und tschüs. War nett.«

ITALIENISCHES ESSEN

Ich liebe italienisches Essen,
Könnte nur noch zum Italiener geh'n,
Teilweise weil: Ich bin so verfressen,
Teilweise weil: Es reimt sich so schön …
Minestrone, Cannelloni,
Makkaroni, Rigatoni,
Spaghettini, Scaloppini,
Escarole, Braciole,
Insalata, Cremolata, Manicotti,
Marinara, Carbonara,
Shrimp francese, Bolognese,
Ravioli, Mostaccioli,
Mozzarella, Tagliatelle,
Gedämpfte Zucchini, Rollatini,
Fettucine, grüne Linguine,
Tortellini, Tetrazzini,
Uups –, gleich platzen mir noch die Bluejeani.

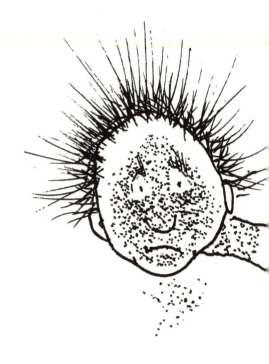

WIR WARTEN AUF DEN WEIHNACHTSMANN

Sie haben's gesagt, und ich hab's nicht geglaubt:
Ihn kommen und gehen seh'n ist nicht erlaubt.
Ich sage euch jetzt, ihr seid klug, wenn ihr's glaubt:
Blickt nicht im Kamin hoch, sonst: Asche auf's Haupt.

FRITZ, DER IMMER NUR DIE ZUNGE RAUSSTRECKT

Fritz streckt immer allen nur die Zunge raus,
Die Zunge raus, es ist ein Graus.
Er streckt sie in der großen Pause raus, und dann
Fängt er prompt beim Mittagessen wieder damit an.
An Schultagen streckt er sie dem Lehrer raus und schon
Am Sonntag in der Kirche dem Gemeindediakon
Sowie samstags stets im Kino der gesamten Projektion.
Doch eines Tages macht er das bei Philomene Knapp,
Und Philomene Knapp kann so was rundherum nicht ab.
Sie schnappt sich dieses Zungenteil und zieht und zieht daran,
Rollt's etwa zwanzig Meter aus, wer kann, haha, der kann,
Und tanzt herum und rum und rum
Und rum und rum. Mit großem Mumm
Verzwirbelt diese Zunge sie um Fritzens Kopf und Kinn,
Um seinen Hals, zurück und hin,
Um seine Augen wickelt sie sie,
Um seine Ohren zwickelt sie sie,
Um sein Gesicht schlingt sie sie locker,
Für die Hüfte klettert sie vom Hocker,
Um den Rücken, ums Gesäß,
Um Beine, Füße, ganz gemäß
Dem Körperbau, bis der umschlungen
Und nichts mehr sichtbar außer Zungen
Ist. So ist Fritz, der immer nur die Zunge rausstreckt,
Mit seiner Zunge echt mal angeeckt.

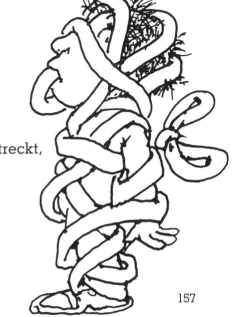

BÖSE SCHULE

Habt ihr schon mal von der bösen Schule was gehört?
Böse Dinge lehrt man dort, und wer nicht durchfällt, stört.
Sie nehmen nur Krawallos und Rabauken und auch Toren.
Sehen wir uns um drum nun auf ihren Korridoren.
Der Eingang zu der bösen Schule ist total geheim,
Und *wenn* ihr reinkommt, liebe Kinder, lasst euch bloß nicht beim
Pünktlichsein erwischen. Hände und Gesicht
Und Hemden schmutzverkrustet, bitte! Und in der Klasse nicht
Zuhör'n, sondern tüchtig schwatzen,
Quietschend an der Tafel kratzen.
Schuhe? Immer voller Matsch.
Schulaufgaben? Großer Quatsch.
Kaugummi auf Stuhl gepickt,
Scharf achten, dass der Nachbar spickt.
Die Lehrer lehr'n nicht Sachen machen,
Die Lehrer lehr'n es lassen krachen:
Sie lehren euch Fensterscheiben zertrümmern,
Velos im Regen verrosten, verkümmern
Lassen, eine Vase in Scherben zerhauen,
Eine lehrreiche Zeitschrift mit Soße versauen,
Spucken, kreischen, Kalkmurmeln zerkleinern,
Speiseeis mit Mostrich verfeinern,
Dellen in Autokotflügel treten
Und auf nassen Zement, sowie ungebeten
Kneifen und boxen und Türen knallen,
Umkleidekabinen fluten und Hallen,
Zusätzlich mulschige Bauchklatscher machen

Und kaputt sich die Zähne mit Zuckerzeug. Sachen
Wie diese: Ein Kleid binnen kürzester Frist voll zerfetzen,
Sich auf einen triefenden Müllbeutel setzen,
Vaters Angelhaken verbiegen.
Das Mathebuch? Nie wieder aufzukriegen.
Badewasser in Leim verwandeln,
Das Bett ruinier'n durch entschlossenes Handeln,
Wie Fallen aus großer Höhe ist,
Man am Zeh sich kratzt und danebenpisst,
Einen Volleyball lecker mit Honig beschichtet,
Mit Zahnpasta innig auf Klowände dichtet,
Beim Schuhzubinden den Senkel zerreißt,
Brustklümpchen niemals lutscht, stets zerbeißt –,
All das lernt ihr hier. Und was meint nun ihr?

Manche Schulen nehmen nur die Besten.
Diese Schule nimmt die Wetterfesten.

GÄRTNERIN AUS LEIDENSCHAFT

Diese Kinderfresser-Pflanze –,
Ein gefährliches Gewächs!
Erst umschlingt, dann übermanntse,
Zutzelt einen aus auf ex.
Hack' ich ab sie, oder merz' ich
Aus sie, Wurzel, Stumpf und Stiel?
Doch die Blätter sind so herzig,
Bedeuten mir unsagbar viel ...

VERGESSLICHE HEXE

Ich war eine Hexe, die hexte,
Von den hexenden Hexen die keckste,
Sehe neidisch den Hexen beim Hexen zu,
Wie sie Molche, Fischlaich und Echsen zu
Zaubertrank machen, doch leider, leider
Ist mir entfallen, was man bei der
Bereitung von Gift wissen muss, und, schlimmer,
Tödliche Flüche skandieren? Ich? Nimmer!
Geschweige richtig hexerisch handeln:
Keine Prinzen in Frösche verwandeln
Oder böse Kinder in Schweine.
Konnte ich früher alles, doch scheine
Ich das gründlich verschwitzt zu haben.
Wie war das? »Kröten und Schnecken und Küchenschaben«?
Oder »Klöten und Schecken in der Küche vergraben«?
Oder »an Klötern und Schlecken und Kichern sich laben«?
Ich kau' mir die Nägel, schlag' nach im Buch –,
Wo stand er noch gleich, der bezaubernde Fluch?
Denn eine Hexe, die nicht verhext,
Ist wie ein Lolli, an dem du nicht leckst.

KNIRSCH

Ich saß auf einem Stuhl,
Der ging kaputt, na cool.
Ich lag auf einer Couch,
Die brach zusammen, autsch.
Dann die Schaukel ausprobiert,
Die Schaukel sauber ruiniert.
Die bauen heute Möbel, und
Die Möbel sind der letzte Schund.

WIE AUF WOLKEN

Gehst du auf Wolken, Süße,
Gehst du auf Wolken, gib acht.
Sieh dabei nie auf die Füße,
Zu seh'n, wie das drunter sich macht.

LÜGENBOLD

»Rang zang zang, Lügen sind teuer,
Nase wird lang, Hose fängt Feuer!«
Als Kind bin ich da oft zusammengezuckt,
Doch schon bald
Wurde ich alt,
Bin kein bisschen ärmer,
Nase nicht länger, Hose nicht wärmer,
Und lüge immer noch wie gedruckt.

ESSEN?

Ich saß im Restaurant ganz fein,
Da kam der Kellner: »Was darf es denn sein?«
Ich studierte die Speisekarte,
Da sprach der Kellner: »Einen Rat noch, warte.
Spaghetti und Kartoffeln haben leider erz-
Viel Stärke, Schweinskoteletts und Wurst sind gar nicht gut für's Herz.
Hühnchen, Rind und Lamm enthalten künstliche Hormone,
Ravioli sind als Henkersmahlzeit ebenfalls nicht ohne.
In Schinken sind Nitrite, in Brot sind Haltbarmacher,
Der Farbstoff in der Konfitür' stets gut für einen Lacher.
Bei Donuts und bei Törtchen rate ich zur Flucht,
An Peperoni-Pizza sterben gilt als Manneszucht.
Zucker macht die Zähne faul und dich und and're dick,
Und Süßstoff ist aus Saccharin, und das ist auch nicht schick.
Zu viel Fett in Käse drin, in Eiern zu viel Cho-
Lesterin, Kaffee ist für die Nieren schlecht und Tee ja sowieso.
Rotes Fleisch ist Gift, mein Freund, in Fisch ist zu viel Queck-
Silber. Kochsalz? »Blutdruck!«, sag' ich nur. Lass es lieber weg.
Würstchen? Mortadella? Voll Farbstoff, nämlich Rot,
Das Pestizid auf Lauch und Obst bringt dir den sich'ren Tod.«
So fragte ich: »Was kann man denn noch zu sich nehmen, ohne zu krepieren?«
Er sprach: »Glas Wasser wär' nicht schlecht. Das Glas sterilisieren.«
Dann hielt er inne, dachte nach und fasste mich am Kinn:
»Im Wasser sind, mein junger Freund, Karzinogene drin.«
So stand ich auf, entfernte mich, verließ den weisen Mann
Und stellte mit Entsetzen fest, dass man *nichts* essen kann.
Seit einem Monat ess ich nichts, es geht mir eher schlecht,
Doch weiß ich, wie gesund das macht, und schon ist es mir recht.

FREUND

Auf deinem Kopf sitzt eine Biene.
Dreh dich nicht um,
Verzieh keine Miene.
Nimm mir's nicht krumm,
Bevor sie dich sticht,
Bring' ich sie um,
Und du wirst dann nicht
Zum Opf-
Er dieser Biene
Auf deinem Kopf.

DER KINDERFRESSENDE LANDHAI

Sprach der Hai tief im Ozean:
»Ich verstehe ihn nicht, den Großen Plan,
Ich soll im Wasser verhungern,
Dieweil an Land frische Kinderchen lungern,
Und muss das denn stimmen,
Was jedermann sagt:
›Ein Hai kann an Land nicht schwimmen‹,
Nur weil kein Hai das jemals gewagt?«
So schwamm er landeinwärts, landeinwärts, landein,
Mit der Schwanzflosse ging's nun ans Graben,
Mit einem »Hinein!« glitt die Schnauze rasch rein,
Und zentimeterweis' hieß es dann: Schaben!
Noch einen Tag –, noch einen Zoll –,
Dann zwei Zoll –, dann drei Zoll –, dann – toll!
Wie er bisher
Geschwommen im Meer,
Schwimmt jetzt unter uns er an Land.
Wenn du rennst und springst und Hand-
Stand machst, lauert er unterm Trottoir,
Bis es zu spät ist, viel, viel zu spät, schlimm ist das,
aber wohl wahr.
So lerne ein jeder nun seine Lektion,
Jeder Hai, jedes Kind, jedermann:
Wenn was nicht getan wurde, heißt das nicht schon,
Dass es schlicht nicht getan werden kann.
Wenn du dich im Garten ergehst,
Rapple dich lieber schnell auf,
Wenn du die Dreiecksflosse erspähst,
Die zickzack durch's Gras ratscht, dann lauf!

DIE MEERJUNGFRAU ALS PERLE

Im Bach fingen wir eine Meerjungfrau.
Sie wohnt bei uns in der Spüle.
Wir geben ihr Würmer, Schnecken, Kakao
Und Limonade, schön kühle.
Sie spült das Geschirr … perlweiß, dieser Glanz!
Und unter dem Wasserhahn duscht sie.
Die Pfannen schrubbt sie mit schuppigem Schwanz,
Nur bei ihren Geschichten, da luscht sie.
Sie spielt Schiffeversenken, sie singt uns Lieder,
Ist fröhlich, manchmal fast schon zu sehr,
Doch beim Weinen erwischen wir hin sie und wieder.
Dann sehnt sie sich wohl nach dem Meer.

BETTY MACHT SPAGHETTI

Betty, Betty,
Niest in die Spaghetti,
Glibschig, sabschig, gar nicht netti.
Die sind nicht mehr zu retti, Betty,
Nimm lieber Schweinemetti, Betty,
Oder mach *spaghetti con cozze*
Statt *spaghetti con* Rotze.

SCHMUTZIGES GESICHT

Woher hast du denn so ein schmutziges Gesicht,
Mein allerliebstes Schmutzgesichtkind?

Ich habe im Modder Gewichte gestemmt,
Den Knopf abgebissen von Dieterchens Hemd.
Ich wollt' an den Wurzeln der Rose mich laben
Und hab' mit der Nase nach Muscheln gegraben.
Ich hab' eine dunkle Höhle gefegt
Und Kriegsbemalung angelegt.
Bin wohl zu lang in den Kohlen geblieben,
Mit dem Kinn meinen Namen in Mörtel geschrieben.
Ich habe mich auf dem Teppich gerollt
Und den grimmigen Wachhund umarmen gewollt.
Ich fand die vergessene Silbermine
Und teilte mir Brombeeren mit Katharine.
Von Eiskrem, Ringkampf, Rollerfahren
Und Tränen. Mehr Spaß als du in mehreren Jahren.

GRUMMELN

Manche Mägen gluckern und knurren,
Manche Mägen rumpeln und gurren.
Mein Magen ruft gerade richtig laut:
»Schluss jetzt mit Eiskrem und Sauerkraut!«

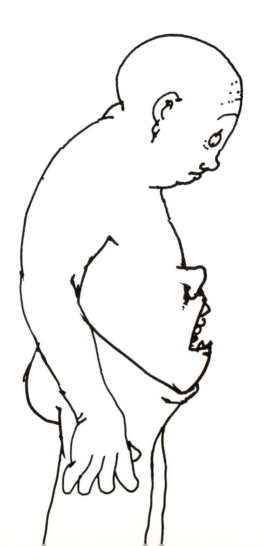

FÜR EINEN VERREGNETEN NACHMITTAG

Nichts zu tun?
Nichts zu tun?
Verteile schön Ketchup in sämtlichen Schuh'n.
Die Glocke läut, die Trommel hau,
Das Baby kneife, bis es blau
Anläuft. Dreh dich außer Rand und Band,
Mal den Teufel an die Wand,
Leg Murmeln auf die Treppe fein,
Schmier Schwesters Haar mit Klebstoff ein.
Türen? Knallen. Daumen? Lutschen.
Und sehen, wie all diese Schubladen flutschen.
Die Katze fang, ins Ohr beiß ihr,
Die Zehen wasch in Onkels Bier.
Füll dir die Taschen mit Ruß,
Bemal untenrum deinen Fuß.
Koch die Armbanduhr von O-
Pa, schmeiß den Schlüsselbund ins Klo.
Bemach dich auf Vatis Schoß schön brav,
Dann geh nach oben, mein Kindlein, und schlaf.

ICH WEISS ES NICHT

Ich weiß nicht, wie was funktioniert,
Ob Erde, ob Sonne rotiert?
Entsteht sofort Strom, lässt Drachen man steigen?
Werden Sterne sich nur durch Lichtreflex zeigen?
Wie Donner gemacht wird und Gas komprimiert –,
Ich weiß nicht, wie was funktioniert.

Ich weiß nicht, wo irgendwas ist.
Ist Kampen auf Sylt oder List?
Ist Maui auf Nord- oder Süd-Norderney?
Kommt man nach Norden am Osten vorbei?
Käm's zur Prüfung, so wäre das Mist,
Denn ich weiß nicht, wo irgendwas ist.

Ich weiß nicht, wie man was schreibt.
Ist Orthografie nur gehypt?
Schreibt man »Sphinx« mit Y oder mit I?
Und »Konstrukt« schreibt man gleich noch mal *wie*?
Das Examen naht, wie viel Zeit mir wohl bleibt?
Ich weiß nicht, wie man was schreibt.

Ich weiß nicht, wer irgendwer war.
Karl der Große? War der Kaiser? Gar Zar?
War Lincoln von auswärts oder von hier?
Wie viele Heinrichs gab's, drei oder vier?
Wenn solcherlei drankommt, bin verratzt ich, ganz klar,
Denn ich weiß nicht, wer irgendwer war.

ELVINA

Wo ist denn bloß Elvina hin,
Das liebste Kind von allen?
Keinem kommt es in den Sinn:
Im Fleischwolf drin.
Gefallen.
Man genießt die Speise,
Und jeder friedlich kaut,
Keiner denkt es leise,
Keiner sagt es laut:
Elvinas letzte Reise ...
Sie wird bereits verdaut.

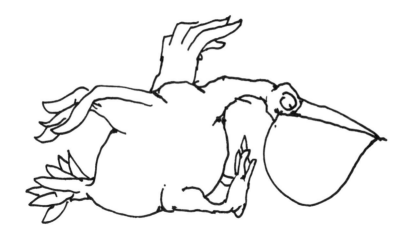

PELIKAN-EI

Wie schmeckt denn wohl so ein Pelikan-Ei?
Also lauf' ich am Meer über'n Sand,
Renne und jage und schmecke dabei
Fast das Ei schon, in der Pfanne, in der Hand.
Dann hör' ich ein Flattern, denke: »Das Ei!«
Und sehe ein Pelikan-Bein.
Plopp! Fällt's mir direkt in die Pfanne hinein,
Doch ist es ein Ei? Leider nein …

KÖNIG TUTS SCHÄDEL

Dieser Totenschädel gehört König Tut
(Aus der Pyramide hier links).
Der andere Schädel ist klein, nicht kaputt,
Und er stammt aus der Kindheit des Kings.

DAS PROBLEM

Hans schrieb die Antwort von Jutta ab
Und Susi die Antwort von Hans,
Franz schrieb die Antwort von Susi ab, knapp
Klaute Anna die Antwort bei Franz,
Und Franziska von Anna, bei Franziska dann Jan –,
Die Antwort kam 'rum, und zum Schluss
Wurde niemand erwischt, doch das Blöde daran:
Juttas Antwort war rundherum Stuss.

DER RÜLPSENDE RYBRECHT

Der rülpsende Rybrecht Müller von Prehn
Erlernte das Rülpsen im Alter von zehn,
Fand das komisch und rülpst seither
Rauf wie runter bis zum Gehtnichtmehr –,
Rülpst seine Eltern an, rülpst seine Schwestern an,
Rülpst gar im Kino die Helden im Western an,
Rülpst seinen Bruder an, den armen Frieder,
Die Leute beschwer'n sich, doch – »BJÖRK!« – rülpst er wieder.
Rülpst auf den Wiesen, rülpst in der Schlucht,
Rülpst auf die Vögelein ein, praktisch Sucht.
Sie sagen: »Tschilp«, und er rülpst nach oben,
Die Schweine an rülpst er im – »BJÖRK!« – Schweinekoben,
Rülpst Polizei, rülpst Feuerwehr an,
Rülpst mein, dein, unser, euer Heer an.
Sie rufen: »Halt!« – er rülpst dumm sich und krumm
Und rülpst in der Schule am Kollegium herum.
Im Zoo rülpst er den Tiger an,
Beim Sport rülpst er den Sieger an,
Rülpst in der Kirche, stramm beim »Amen«,
Man schickt sich drein: »In Gottes Namen«,
Und er fragt sich, warum keiner ihn mag.
Da kommt er. »Rybrecht! Guten Tag!«
»BJÖRK!«, macht er. Nicht »Auf Wiederseh'n«
Sagt scheidend uns Rybrecht Müller von Prehn.

RINGKAMPF

Ringkampf ist schwitzig,
Quetsch, au und schmierig,
Sich verheddern eher witzig,
Sich entwirren eher schwierig.

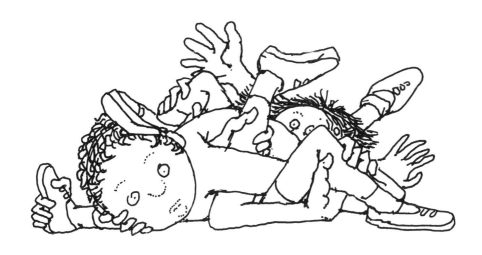

RÄTSEL

Hört euch dieses Rätsel an:
Bin stärker als der stärkste Mann,
Selbst Riesen weinen sich pitschnass;
Wer bin ich bitte oder *was*?

(eine Zwiebel)

SUPPE MIT STÄBCHEN

Suppe mit Stäbchen essen?
Das geht bei mir im Nu.
Suppe mit Stäbchen essen?
Da pfeif' ich locker »Only You«.
Suppe mit Stäbchen essen?
Hab' keinen Löffel gefunden.
Suppe mit Stäbchen essen?
Das dauert nun schon Stunden.

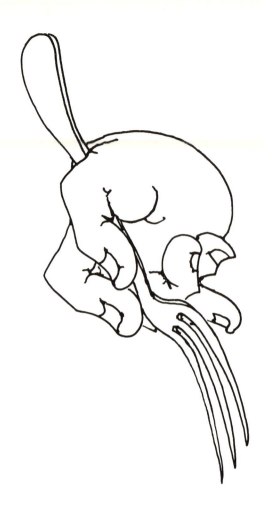

UNWETTER

Pfeffer regnet es und Salz,
Dann kommt noch Petersilie,
Oregano fällt ebenfalls
Auf Land, Stadt und Familie.

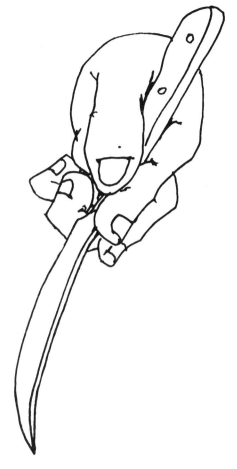

Dann Ketchup, und, es kommt noch besser,
Dort, hoch vom Firmament ...
Riesengabel? Riesenmesser?
Ein Schlabberlatz? Moooment!
Ich glaube fast, das ist ein ... Esser!
Rennt weg, ihr Menschen, rennt!

JAKOB SAGT:

»Ja, ich bin adoptiert.
Meine Eltern waren mit mir
Nicht gesegnet und benediziert,
Doch sie wählten mich aus, dezidiert,
Aus allen Übrigen. Ihr«,
Sagt er, »seid höchstens passiert.«

KLEINER ZOO

Die piepsende Maus, der Elch, welcher hupt,
Das nistende Moorhuhn, die Gans, welche pupt,
Der Affe, der schaukelt, der Wal, welcher sprüht,
Der trompetende Esel, der Schneck, der sich müht,
Der trampelnde Ochs', der Has', wie er hoppelt,
Der listige Fuchs und der Braunbär, der moppelt,
Der Hai stellt sich dumm, der Seestern sich tot,
Die Lerche so schrill, der Pavian so rot,
Der mächtige Gorilla, die unsäglich platte Flunder,
Das Chamäleon, oha, immer wieder so ein Wunder,
Das Känguru und die knabbernde Ratte,
Kakadu, Fledermaus, Seeaal auch, der glatte,
Ochsenfrosch und Stachelschwein,
Haubentaucher obendrein,
Panther, Tiger, Schnabeltier …
Sind nicht hier, sind nicht hier.

DIE SPINNE (an Inge)

In meinem Kopf wohnt eine Spinne drinne,
Die webt ein selt- und wundersames Netz, ich denk', ich spinne,
Aus seidenen Fäden und silbernen Saiten, Inge,
Und fängt damit allerlei fliegende Dinge,
Wie Krümel von Gedanken und Stückchen von Gelächeltem
Und Flecken von Tränenwasser, trocken gefächeltem,
Und Traumstaub, der haftet, ein fetter Fang,
Jahre- und jahre- und jahrelang ...

DER KLOTROLL

Der Klotroll lebt, heiho,
Tief unten im Klo, im Klo,
Er rutscht und flutscht, heiho,
Und hutscht und tschutscht, heiho,
Unter Wasser, geräuschlos, tief unten drin,
Und setzt du dich hin,
Dann macht ihn das froh,
                        froh,
                                froh.

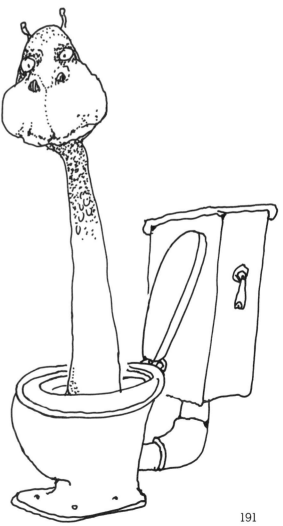

HANDLAND

Traust du dich ins Land der Hände?
Hier wachsen Hände ohne Ende,
Hand um Hand
Wächst aus dem Sand.
Kannst du die Hörsprechsprache verlassen
Und nur noch Zeichen, Gebärden erfassen?

WENN ICH WEG BIN

Wenn ich weg bin, was machst dann du?
Wer schreibt dann für dich und zeichnet dazu?
Jemand Neues, Schlau'res, Bess'res? *So* wird ein Schuh
Draus –: Vielleicht bist es *DU*?

INHALT

Angst, 111
Apfel, bei dem ein Bissen fehlt, 18
Aschenputtel, 138
Aufwärts, 154
Autsch!, 61

Betty macht Spaghetti, 172
Biografie, 126
Böse Schule, 158

Danach, 139
Das Horn, 113
Das Match, 47
Das Problem, 181
Das Puppenhaus, 151
Das Reimhuhn, 134
Das Spiel, 117

Das Würdegernkannabernicht-
    Syndrom, 42
Der, der Gib-mir-Süßes-sonst-gibt-
    es-Saures erfunden hat, 13
Der durchsichtige Detlef, 33
Der Flaschengeist, 16
Der Frosch, 81
Der Jongleur, 19
Der kinderfressende Landhai, 169
Der Klotroll, 191
Der Laden der biestigen Bettina, 130
Der neue Job, 150
Der Pelikan, 98
Der Prinz, 153
Der Regenbogenwerfer, 135
Der rüde Rüdiger Rübsam, 148
Der rülpsende Rybrecht, 182

Der Tanz der Schuhe, 101
Der Uhrmann, 95
Der Wissenschaftler und das
    Flusspferd, 76
Die Deals von Nils, 25
Die fleischfressende Pflanze, 53
Die Hexe Walenda, 136
Die Jawollis und die Neinis, 65
Die Meerjungfrau als Perle, 171
Die Polizei, dein gehorsamster Freund
    und Helfer, 133
Dieser Hut, 23
Diese Stiefel, 46
Die Spinne (an Inge), 190
Die Striche an der Wand, 27
Die Treppe, 124
Die Verwandlung, 63
Die Windeln wechseln, 122
Drei Flamingos, 72
Dumm, 147

Eidechse im Schneesturm
    *oder: Anleitung zum
    Verfassen eines modernen
    Gedichts*, 37
Ein Auto mit Beinen, 41

Eine Maus im Haus, 70
Ein Frohes Neues auf Englisch, 49
Eingeschlafen, 26
Einmal mit allem, 10
Ein Riesenfehler, 30
Elvina, 177
Endlich, 43
Er denkt, er versteckt sich, 105
Essen?, 166

Falschrum, 92
Fehler, 114
Fein in Schale, 104
Fertig gepackt, 14
Flaschenöffner, 40
Football ≠ Fussball, 121
Forschung, 102
Freund, 168
Fritz, der immer nur die Zunge
    rausstreckt 157
Fritz' Köpfe, 127
Fünfundzwanzig Verwendungen
    für Spaghetti, 86
Für das Guinness-Buch
    der Rekorde, 39
Für einen verregneten Nachmittag, 175

Gärtnerin aus Leidenschaft, 160
Grummeln, 174
Gute Idee, 75

Halten, 106
Handland, 192
Happy End?, 22
Heinzi Hall, 142
Herzlichen Glückwunsch, 54

Ich habe deine Nase, 120
Ich war's nicht, 131
Ich weiß es nicht, 176
Im Knotfall bitte nicht wecken, 87
In meinem Garten, 119
Innengesicht, 132
Italienisches Essen, 155

Jakob sagt:, 188
Jimmy-Jack-John, 88
Juckreiz, 34

Kleiner Zoo, 189
Knecht Ruprecht, 29

Knirsch, 164
Knoblauchatem, 57
König Tuts Schädel, 180
Körbe werfen wie
 Nowitzki, 97

Liebe ist was Tolles, aber …, 83
Liebesgeschichte, 58
Lügenbold, 165

Masken, 20
Meinetwegen brauchst du dich
 nicht zu ändern, 146
Mein Hut, 100
Mein Ichtheright, 12

Nur mal angenommen …, 74

Pelikan-Ei, 179
Premiere, 141

Rat des Profis, 36
Rätsel, 184
Ringkampf, 183

Schmutzige Füße, 50
Schmutziges Gesicht, 173
Schnurrbart-Joe, 129
Schreibenerzählenzeichnensingen, 96
Schule, 51
Speck mit Kopfsalat und … *womit*?!, 116
Spritze, 35
Störrisch, 44
Stubenrein, 90
Suppe mit Stäbchen, 185

Trampolin, 99

Unerwachsen werden, 77
Unglücklich hier, 56
Unwetter, 186

Vergessliche Hexe, 163
Verliebt, 48
Verlorene Einzelteile, 111
Viele Jahre später, 9
Viermäderlpony, 140

Vierter Platz, 55
Vor dem Start, 135

Wenn ich weg bin, 194
Wer ist der Hässlichste im ganzen Land?, 117
Weshalb ich so zetere, 108
Wettbewerb, 62
Whuuusch, 69
Wie auf Wolken, 165
Wie hungrig ist Polly?, 84
Wie man einen Nagel einschlägt, 110
Winzige Fußspuren, 66
Wir warten auf den Weihnachtsmann, 156
Wohin mit der schmutzigen Wäsche?, 147

Zeichensprache, 123
Zeit zum Melken, 144
Zu früh, 15

Unser Dank an:
Antonia Markiet, Jayne Carapezzi, Alyson Day,
Martha Rago, Rachel Zegar, Joy Kingsolver,
Catherine Hickey Hardin, David Billing, Edite Kroll, John Vitale,
Dorothy Pietrewicz, Lucille Schneider, Renée Cafiero.
Und natürlich an Susan Katz, Kate Morgan Jackson
und die gesamte Kinderbuchabteilung von HarperCollins.

– die Familie

Foto: Larry Moyer

Shelby Allan »Shel« Silverstein wurde 1930 in Chicago geboren und starb 1999 in Key West. Er war Musiker, Filmkomponist, Drehbuchautor und Zeichner. Er schrieb Lieder für Dr. Hook and the Medicine Show, Johnny Cash, Marianne Faithfull und Emmylou Harris, spielte Gitarre, Klavier, Saxofon und Posaune, kreierte Comics, und vor allem schrieb und zeichnete er viele erfolgreiche Kinderbücher. Von Shel Silverstein erschienen bei Kein & Aber bereits die Bücher *Wer will ein billiges Nashorn?*, *Der Glomp, der Glomp und anderer Pomp*, *Ein Licht unterm Dach* und *Der Baum, der sich nicht lumpen ließ* und das Hörbuch *Lafcadio*.

»RINGSTRASSE, IMMER GERADEAUS.« DAS TU' ICH, GEH' VON HAUS ZU HAUS UND KOMME BRAV GENAU DAHIN, VON WO ICH LOSGEGANGEN BIN.